朝日新書
Asahi Shinsho 531

京都ぎらい

井上章一

朝日新聞出版

まえがき

京都を論じた本は、たくさんある。この本も京都論をくりひろげており、テーマの設定に新鮮味があるとは言いにくい。ああ、また京都の本かと、うんざりされるむきもおられよう。

だが、その書きっぷりに、京都をえがくほかの本とかさなるところは、ほとんどない。これまでの類書とは、よほどちがった仕上がりになっている。そのことだけでも、この本には値打ちがあると、とりあえず前口上をのべておく。

ただ、人とちがうことを書きたがりすぎるのは、私の癖にもなっている。私の書くものは、どれもこれも大なり小なり、そういうかまえをとってきた。この本も、一風かわった角度で京都をとらえている。京都がらみの本としては、目新しく見えるかもしれない。しかし、井上の書くものとしては、常套的《じょうとうてき》だとみなされそうな気もする。

人のふれないことを、この書き手はえがきだしてくれる。そう言って、私のことをほめてくれる読書人も、世の中にはちらほらいる。もちろん、灰汁《あく》の強さをいやがり、うけつけないという人も、少なくない。

私としては、後者を気にせず、前者のために書きつづけるしかないだろう。これからも、少数のひいき筋を、この言い方もおおげさだが、大切にしていきたい。京都を論じる今回も、これまでのよくある構図には、あゆみよらないつもりである。

といっても、私が他の論客とはちがう、ゆがんだまなざしをもっているわけではない。誰もが気づかなかった京都の深層を、ほりおこしたりもしなかった。私が京都で見聞きしたような話を、歴史への言及もふくめ、ならべているだけである。

じっさい、京都を知っている人なら、たいてい私の書いたことをみとめよう。ああ、そうや、そのとおりや。この街では、たしかにそういうことがようおこる。京都ならではと言っていい話が、ここには紹介されていると、納得もしてもらえよう。

しかし、それをわざわざ本へ書きつける姿勢には、反感がいだかれるかもしれない。ほんまの話やろうけど、こんなこと書いてもええのんかというように。

五年前に、『京都新聞』へKBSホールでのプロレス観戦記を、書いたことがある。同ホールで見かけた、京都以外ではありえない風景をとりあげ、この街を語っている（二〇一〇年三月一四日付）。

京都ではよく読まれる新聞で、私の書いたものも、けっこう目にとまったせいだろう。多くの人から、あれはおもしろかったとはやされた。たしかに、京都でしかおがめない光景で、京都人の一面をあざやかにうつしている、と。

しかし、そのいっぽうで、私はこんな声も、地元の読者からかけられている。ようあんなこと書くなあ。お前、京都に喧嘩を売っとるんちゃうか。『京都新聞』は、あれになんにも注文をつけへんかったの。京都をあれこれ言う文章はぎょうさんあるけど、あんなんはじめてや……。

他人に見ぬけぬ何かを、私がつきとめたというわけでは、けっしてない。誰もがうすうす気づいているが、あえて書こうとはしなかった。そういうところに、私の文章は光をあてている。良く言えば、度胸がある、悪く言えば、世間の黙約に気づかない、無神経な書き手であったということか。

KBSホールでの話は、この本も、くりかえしになるが、ふれている。ただ、その話だけが、書くのをためらうようなそれになっているわけではない。一冊全体が、そういう書きっぷりになっている。

ひとことで言えば、洛外でくらす者がながめた洛中絵巻ということになろうか。そして、もしこれがなんらかの禁忌にふれるのだとすれば、以下のように言うしかない。すなわち、この街は、洛外の人間による批判的な言論を、封じてきた。それだけ、洛中的な価値観が、大きくのさばる街だったのだ、と。

この本は、朝日新聞出版の田島正夫氏が、編集をうけおってくれた。田島氏には、『霊柩車の誕生』(一九八四年)でも、お世話になっている。まだ、二十歳代の若書きというしかない著書を、デビュー作だが、てつだってもらえた。

おかげでと言うべきか、私は若かったころのことを、いろいろ想いだしている。京都の洛中であじわった屈辱の数々も、脳裏をよぎっていった。この本にふりかけられた薬味は、そのこともてつだって、辛くなりすぎたかもしれない。

京都ぎらい　目次

二　お坊さんと舞子さん

三　仏教のある側面

写真・朝日新聞社
地図制作・谷口正孝

一　洛外を生きる

杉本家の外観　国の重要文化財に指定されている
（京都市下京区）

京都市か、京都府か

いきなりこういう書きだしもどうかと思うが、京都にはいやなところがある。私は京都市に生まれそだったが、二十歳《はたち》をすぎたころから、つくづくそう思い知った。おかげで今も、この街のことは好きになりきれないでいる。あいかわらず、京都の近くでくらしているのに。

今、京都市に生まれそだったと、自分のことを紹介した。しかし、おおいそぎで言葉をおぎなっておこう。

私が生まれたのは、右京区《うきょうく》の花園《はなぞの》、妙心寺《みょうしんじ》のすぐ南側である。そして、五歳の時に、同じ右京区の嵯峨《さが》、清涼寺釈迦堂《せいりょうじしゃかどう》の西側へひっこした。その後、二十年ほどは、嵯峨ですごしている。私には、嵯峨の子としてそだったという、強い自意識がある。

花園も嵯峨も、右京区にくみこまれている。行政的には、京都市にぞくするエリアである。京都市に生まれ、そしてそだったという自己紹介に、いつわりはない。なぜ、そう書くことに、ためらいをおぼえるのか。京都以外の人々は、なかなかピンとこないかもしれない。

だが、京都の街中、洛中とよばれるところでくらす人々なら、すぐに了解するだろう。井上は嵯峨そだちだったのか、京都の人じゃあなかったんだな、と。

行政上、京都市にはいっていても、洛中の人々からは、京都とみなされない地域がある。街をとりまく周辺部、いわゆる洛外の地は、京都あつかいをされてこなかった。私をはぐくんでくれた嵯峨も、京都をかこむ西郊に位置している。ひらたく言えば、田舎だとされてきた地域のひとつなのである。

自分は京都市に生まれそだったと、私は屈託なく言いきることができない。言えば、おさないころは洛中ですごしたと、そうにおわす余地を、のこしてしまう。自分は洛中の人間だと、誤解をされたがっているかのように、ひびきかねなくなる。

そういう物ほしげな男として、私は自分のことを印象づけたくない。とりわけ、洛中の京都人たちに、そう思われるのは心外である。私は彼らから田舎者よばわりをされ、さげすまれてきた嵯峨の子にほかならない。生まれそだちは京都市だということに、わだかまりをおぼえるのはそのためである。

出身は京都府だという言い方なら、私もあまりためらいを感じない。奥付の著者紹介欄でも、京都府生まれとしておきたいところである。

出生地の、ずいぶんちっぽけなちがいにこだわるんだなと、思われようか。しかし、こういうことで私を自意識の病へおいこむ毒が、京都という街にはある。精神の自家中毒を余儀なくされているのは、私だけにかぎるまい。洛外そだちには、同病の者もおおぜいいるだろう。

ほかの街に、こういう心のもつれでなやむ人がいない、とは言うまい。しかし、京都が周辺住民にもたらす葛藤は、また格別である。この本は、京都ならではの、街によどむ瘴《しょう》気《き》を語ることから、話をはじめたい。

さまざまな肥やし

京の町屋が、このごろ人気をよんでいる。古くからつづくタウンハウスだが、そこでくらす人は、もうあまりのこっていない。生活の器としては、しだいに末期をむかえだしている。しかし、その町屋をブティックやカフェとして再利用するところは、ふえてきた。

町屋めぐりをたのしんでいる観光客も、少なくない。

杉本家住宅のように、博物館としてひらかれている町屋もある。同家は、京都の下京《しもぎょう》で三百年近くつづいてきた。今も、綾小路新町《あやのこうじしんまち》にある邸宅で、りっぱな町屋だが、そのくらしをたもっている。生活の様子もかいま見え、カフェなどに改装されたところより、よほど見ごたえがある。古民家の愛好者などにも、ひろくすすめたい。

さて、その杉本家住宅を、若いころ私もおとずれたことがある。一九七七年のことで、まだ博物館にはなっていなかった。一般には門戸をひらいていないその私邸へ、ぜんぜん面識のない私はあがりこんでいる。

そのころ私が在籍していた京都大学建築学科の上田篤ゼミは、町屋の研究にいどんでいた。杉本家住宅の建築も、しらべるリストに、はいっている。そして、私は調査をさせてもらうための挨拶に、同家へおもむくようもとめられた。御宅の写真撮影と測量をさせていただきたいのですが、よろしくおねがいいたします、と。

あらかじめ電話をかけて、訪問の約束ができた日に、私は同家をたずねている。初対面の九代目当主、故杉本秀太郎《ひでたろう》氏とも、会うことができた。こちら側の依頼ごとも、過不足なくつたえている。杉本氏も、調査の件は、こころよくひきうけてくれた。

ただ、私のしゃべる京都弁らしい言葉づかいが、どこか気になったせいだろう。杉本氏は、こんな質問を私にぶつけてきた。

「君、どこの子や」

たずねられた私は、こたえている。

「嵯峨からきました。釈迦堂と二尊院《にそんいん》の、ちょうどあいだあたりです」

この応答に、杉本氏はなつかしいと言う。嵯峨のどこが、どう想い出深いのか。杉本氏は、こう私につげた。

「昔、あのあたりにいるお百姓さんが、うちへよう肥《こえ》をくみにきてくれたんや」

若い読者は、「肥」のことをごぞんじだろうか。念のため、説明をおぎなっておく。

二〇世紀のなかばごろまで、日本には人の糞尿《ふんにょう》を肥料とする農業が、のこっていた。もっとくだいて言えば、ウンコとシッコを肥やしにつかう農業が、である。

田畑とむきあう農家の人々は、しばしばその肥料をもらうために、町へでむいていた。そして、各家でゆずりうけた糞尿を、畑地の肥溜めにもちかえったのである。町の家々にある便所からくみとり、しかるべき容器へいれかえ、荷車ではこびながら。もらいうけることのできた家には、畑でとれた野菜などを、謝礼がわりにおきそえて。

まだ、下水道も水洗便所も、ひろまってはいなかった。浄化槽などの用意がある家も、ほとんどない。都市部の家でも、便所の下には糞溜《くそだめ》をもうけ、自家の糞尿をそこへたくわえていた。ときどき、それをひきとりにきた農家のことも、どこかではありがたがった時代である。

どうやら、嵯峨の農家も綾小路新町あたりまで、やってきていたらしい。もちろん、一九七〇年代末にその慣行はなくなっていた。だが、私にも杉本氏の回想を、リアルなそれとしてうけとることはできている。我が家の近くにある畑でも、一九六〇年代ごろまでは、肥溜めがのこっていたのだから。

「うちへよう肥をくみにきてくれた」。この言い方は、いちおう感謝の気持ちもこめたかのように、くみたてられている。「きてくれた」という以上、表面的にはそううけとらざるをえない。

だが、そこに揶揄《やゆ》的なふくみのあることは、いやおうなく聞きとれた。嵯峨の子か、田舎の子なんやなと、そう念をおす物言いであったことは、うたがえない。私は、はじめて出会った洛中でくらす名家の当主から、いけずを言われたのである。

こちらに何か、落ち度があったせいだろうか。気づかぬあいだに、失礼なことをしでかしてしまったのかもしれない。それで、あんなことを言われたのではないかと、はじめのうちはなやんだりもした。

その後、洛中の人々とも出会うことがふえ、私は考えをあらためている。とにかく、みんな中華意識が強い。嵯峨あたりの人間なんて、見下されるのはあたりまえやないか。私にむかい、そうどうどうと言いはなつ者もいる。

けっきょく、杉本氏も洛中の人だったのだと、私はうけとめることにした。ようするに、私は田舎者よばわりをされたのだ、と。

なにか不手際があったのではないか。当初、そう思いわずらった自分の純情が、あとからふりかえるといたいたしい。まあ、それも洛外そだちの田舎者らしい、素朴なところではあったのだが。

ほかにも、あとで気のついたことがある。たとえば、杉本秀太郎氏が高名な著述家であることも、初対面の私は知らなかった。『洛中生息』（一九七六年　みすず書房、のち、ちくま文庫）は、私が杉本家を訪問した、その一年前に刊行されている。読書人には評判の高い随筆集である。そして、そういったことどもがわかってきたのも、何年かたってからであった。

『洛中生息』……。ずいぶん、いやみったらしい標題である。洛外生息者の私は、この四文字を見るだけで、ひがみっぽくなってしまう。

しかし、くやしいが、そこにおさめられた文章は、みなあざやかである。言葉のつらなりが時に絵画的な、またしばしば音楽的な快感を、読み手にあたえる。その手練《てだれ》は、名人芸と言うしかない。

九代にわたる京都ぐらしが、ああいう文芸を熟成させもしたのだろうか。京都という街じたいが、その意味では芸の肥やしになっていたのかもしれない。いっぽう、私の故郷では、同じ京都からほんとうの肥やしをもらい、農耕にいかしてきた。そだった環境がまったくちがうことを、かみしめる。

送り火
妙
宝ケ池
法
送り火
北区
京都
コンサートホール
府立植物園
左京区
同志社大学
（今出川）
上七軒
西陣
上京区
京都大学
銀閣寺
京都御所
千本通り
京都府庁
大
送り火
大文字
二条城
室町通り
京都市役所
南禅寺
御池通り
烏丸通り
河原町通り
祇園町
知恩院
三条通り
中京区
四条通り
八坂神社
山科区
堀川通り
綾小路
新町
建仁寺
五条通り
清水寺
下京区
鴨川
東山区
京都駅
東寺

京都市中心部と西郊
送り火
左大文字
金閣寺
右京区
龍安寺
送り火
鳥居
大覚寺
広沢池
花園
清涼寺（嵯峨釈迦堂）
妙心寺
嵯峨
太秦
天龍寺
嵐山
渡月橋
桂川
西京区
西芳寺（苔寺）
桂離宮

京都弁の「桃太郎」

嵯峨の住民は、洛中人士からさげすまれてもやむをえない。うぬぼれの強い京都人からは、しばしばそうさとされたと、さきほど書いた。

この話を、他地方の読者はうたがうかもしれない。ほんとうに、京都の人は、てらいもなく自分の優越感をふいちょうするのか、と。

もちろん、そうあからさまにしめさない人もいる。みながみな京都自慢のプライドを、鼻先にぶらさげているわけではない。だが、はっきりと、釘をさすかのように、洛中の優越ぶりを語る人もいる。

たとえば、今はなき梅棹忠夫氏がそうだった。

あれは、一九九〇年代のなかごろであったと思う。私は、国立民族学博物館の顧問になっていた梅棹氏の執務室を、おとずれた。学問の歴史に興味のある私は、碩学《せきがく》たちにしばしば昔話をたずねることがある。梅棹氏のところへおもむいたのも、そんな取材のためである。

やりとりのなかで、私は杉本秀太郎氏の嵯峨観にも、言いおよんでいる。そして、梅棹氏にも問うてみた。

「先生も、嵯峨あたりのことは、田舎やと見下したはりましたか」

あまりためらいもせず、西陣で生まれそだった梅棹氏は、こうこたえてくれた。

「そら、そうや。あのへんは言葉づかいがおかしかった。僕らが中学生ぐらいの時には、まねをしてよう笑いおうたもんや。じかにからこうたりもしたな。杉本秀太郎がそんなふうに言うのも、そら、しゃあないで」

嵯峨の住民は、言葉づかいがおかしかったという。どうやら、私の故郷には、独特のなまりがあったようである。今は京都市の右京区に編入されている嵯峨だが、かつては京都府葛野《かどの》郡にぞくしていた。そのしゃべり方も、京都弁とはいくらかちがっていたらしい。梅棹氏には、それがたいそうこっけいに聞こえたという。

ざんねんながら、一九六〇年代以後の嵯峨にそだった私は、そのなまりがつかえない。あのあたりは、もうすっかり京都弁のとびかう地域になっていた。私の口調も、京都風のそれにそめあげられている。

ひょっとしたら、杉本氏も、そこが癇にさわったのかもしれない。この子は嵯峨の出だと言いながら、京都風にしゃべりかけてくる。ひょっとしたら、自分のことも京都人だと、心得ちがいをしているかもしれん。ここは、ひとつ、念をおしといてやろう。ええか君、嵯峨は京都とちがうんやで……。

嵯峨者のくせに、京都弁をあやつるのは、身分不相応である。お前たちはお前たちらしく、あのあたりのなまりですごせばいい。ある世代までの京都人たちは、心のどこかにそんな想いを秘めている可能性がある。梅棹氏の回想を聞かされた私は、うらみがましく、そこまで空想をふくらませた。

国立民族学博物館の展示室には、日本全国の方言を聞かせてくれる装置が、おいてある。地名のしるされたボタンをおせば、土地の古老がお国言葉で、童話の「桃太郎」を語りだす。同じ桃太郎の話で、各地の方言が聞きくらべられるしかけになっている。

見れば、「京都府京都市」というボタンもある。まさかと思いながら、私はそこをおしてみた。すると、装置からは、なじみのある梅棹氏の京都弁が聞こえてくる。「むかし、むかし、あるところに……」、と。

梅棹氏は、国立民族学博物館の設立者であり、初代館長でもある。「京都府京都市」というボタンも、当人じしんの提案でもうけられたのだろうか。あるいは、梅棹氏におもねった誰かが、もちかけた話なのかもしれない。

全国の方言がまんべんなく録音されたこの装置に接し、多くの来館者は思うだろう。お国言葉に優劣をつけない、公平かつ民主的なしかけであると。猫をかぶったとしか言いようのないそんな見かけの裏に、私は京都人の中華思想を読む。ここには、嵯峨をあざけった西陣の選民意識がひそんでいる。そう大声をあげ、他の来館者たちにもつたえたくなってくる。

私の友人に、中京《なかぎょう》の新町御池《しんまちおいけ》で生まれそだった男がいる。今のべた装置の話をしたところ、おどろくべき返答が帰ってきた。

「京都を西陣のやつが代表しとるんか。西陣ふぜいのくせに、えらい生意気なんやな」

西陣あたりがえらそうにふるまうのは、かたはらいたいと言う。いやはや、京都はこわい街である。この男は、嵯峨のことをどう見ているのかと考え、少々おちこんだ。三十数年来の友情が、音をたててくずれたように感じたのは、この時である。

山科もきらわれて

このごろは、結婚適齢期という考え方が、下火になってきた。中年になっても独身をとおす人は、おおぜいいる。しかし、私が若かったころは、そうでもない。一九八〇年代ごろまでは、適齢という観念が、世間にも根強くゆきわたっていた。

今から紹介するのも、そんな時代の話である。二十歳代の後半にさしかかった未婚女性は、婚期をのがしている。そうみなされていたころのできごとであることを、あらかじめことわっておく。

どういういきさつからだったのかは、もうおぼえていない。たまたま、酒席で知りあった女の人が、まわりの客に愚痴をこぼしだした。女も三十をこえるとおしまいだ、いい縁談がこなくなったというのである。

相手となる男の値打ち、たとえば学歴や所得のランクが、おちてきたのか。あるいは、離婚歴のある男から後添《のちぞ》いにという申し込みが、あったのか。

中京で老舗をいとなむ家の、令嬢であるという。さぞかし、気位も高かろう。あんがい、相手のごくささいな難点を、おおげさにあげつらっているんじゃあないか。そんな予感もあり、私は彼女にたずねてみた。どんな縁談がくるようになったのか、と。

すると、こんな返事がかえってくる。

「とうとう、山科《やましな》の男から話があったんや。もう、かんにんしてほしいわ」

経済的な水準が下がったということではない。地理的な条件がおちたのだという。嵯峨を見くびられてきた私は、彼女のひとことで、おちつきをうしなった。ややいきおいこむような口調で、なじるように問いただしている。

「山科の何があかんのですか」

これに、彼女がなんとこたえたか。他地方の読者は、なかなか信じてくれないかもしれない。酒席でたまたま出会った私に、彼女はこう説明をしてくれたのである。

「そやかて、山科なんかいったら、東山《ひがしやま》が西のほうに見えてしまうやないの」

たしかに、そのとおりである。東山の山並みは、洛中からながめれば東側にひろがっている。東山とよばれるようになったのも、そのためである。そして、山科は東山のさらに奥、その南東に位置している。あそこまでいけば、まちがいなく東山は西のほうに、その姿をあらわすだろう。

しかし、それのなにがつらいのか。くらしていくのに不都合なところは、どこにもない。東山の裏側をながめてすごすというだけのことなのに、どうしてたえられないのか。

そう思いはするものの、私はそれ以上問いつめることができなかった。追及すれば、こちらの成育地も、逆にたずねられるだろう。嵯峨でそだったとつげられた彼女は、鼻であしらいながら、言いはなつにちがいない。

——えらい西のほうやん。東山なんかかすんで見えへんのちゃう? どうりで、うちらの悩みなんかわからへんはずやわ。

脳裏にうかんだこの逆襲で、私の心はおじけづいた。けっきょく、何もたずねずに、その場はにげている。こういう問題では、自分が臆病になっていることを思い知る。

宇治もまた、ゆるされず

昔からプロレスが好きで、京都や大阪の会場には、よくでかけた。今はその回数も、よほどへっているが、それでも時おり足をはこぶことはある。

あれは、二一世紀にはいってそうそう、二千ゼロ年代の半《なか》ばをすぎたころであった。上《かみ》京《ぎょう》のKBSホールでひらかれた全日本プロレスの興行を、私は見にいっている。

いくつかくまれていた試合の内容は、もうぜんぜんおぼえていない。めあてにしていた武藤敬司のファイトぶりも、記憶のかなたにとんでいる。ただ、ブラザー・ヤッシーの登場と、彼をむかえた客席の反応だけは、わすれられない。おそらく、あの光景は、私の記憶から生涯きえさらないような気がする。

ブラザー・ヤッシーといきなり言われても、その名を知る人は少なかろう。スターレスラーではないし、ひいき筋も数は少ないと思う。小柄でもあり、舞台ばえするレスラーではない。ただ、悪役としてのうごき、マットさばきは軽妙で、私は一目おいている。

さて、当日、リングへ上がったヤッシーは、試合の前にマイクで場内へ語りかけた。京都出身の自分が、京都へかえってきたというアピールを、こころみている。ちょうど、その時であった。客席からはブーイングと同時に、痛烈な野次があびせられたのである。

「お前なんか京都とちゃうやろ、宇治《うじ》やないか」

「宇治のくせに、京都と言うな」

似たような罵声が、ほかにも二、三あったろうか。とにかく、宇治を故郷とするレスラーが京都出身を僭称《せんしょう》するだけで、客席はいらだった。事情通の観戦者は、そのささやかなすりかえを、ゆるさなかったのである。

私は嵯峨の子としてそだったと、これまで何度も書いてきた。だが、所帯をもってからは、故郷をはなれている。今は宇治に居をかまえる、宇治市民である。

宇治の分際《ぶんざい》で、京都を名のるな。身の程を、わきまえよ。そんな京都人たちの怒号を耳にして、私は心にちかっている。金輪際《こんりんざい》、京都人であるかのようにふるまうことは、すまい。嵯峨そだちで宇治在住、洛外の民として自分の生涯はおえよう、と。

宇治出身のヤッシーが、京都への凱旋を言いつのる。さきほどは、そんな彼の言種《いいぐさ》を、ささやかなすりかえと私は評している。しかし、宇治は京都府下の一都市である。京都へかえってきた、といううったえじたいに、まちがいはない。ほんらいなら、どうどうとそう言いきっても、かまわないはずである。

だが、洛中の心がせまい京都人たちは、それを詐称とみなす。さきほどは文脈の都合上、彼らの価値観によりそい、すりかえという言葉を使用した。僭称という文字も、つかって

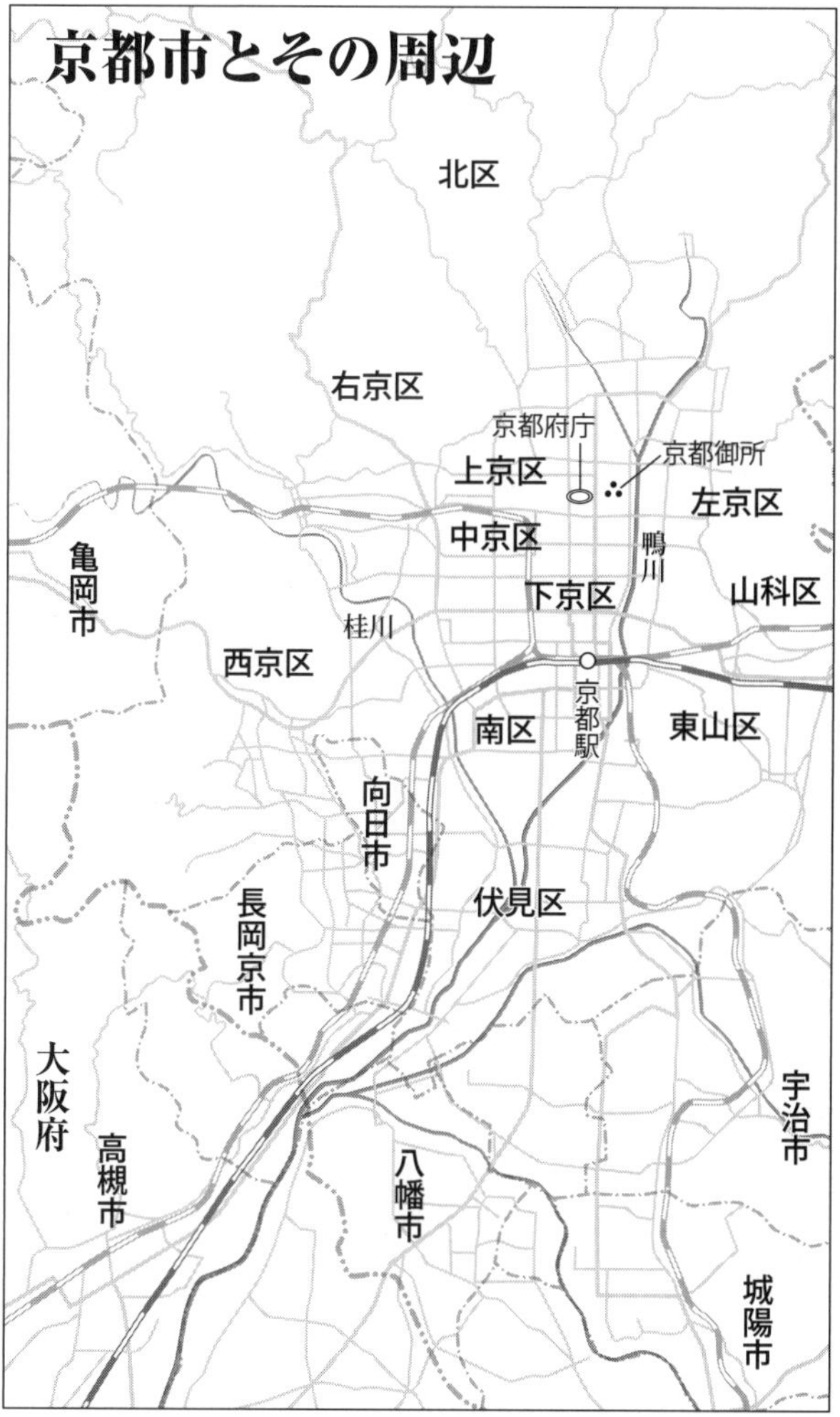
京都市とその周辺
北区
右京区
京都府庁
京都御所
上京区
左京区
中京区
鴨川
下京区
山科区
亀岡市
桂川
西京区
京都駅
南区
東山区
向日市
伏見区
長岡京市
大阪府
宇治市
高槻市
八幡市
城陽市

いる。しかし、私じしんがヤッシーの言いっぷりを、そうみなしているわけではない。念のため、のべそえる。

ここまで書いてきて、思いついたことがひとつある。

ブラザー・ヤッシーは悪役だが、力強さを売りものにしていたわけではない。体もレスラーとしては小づくりで、アマレスの経験こそあるが、非力に見える。ただ、すばしっこさと、マイクで客をあおる弁舌には、たけていた。

ひょっとしたら、ヤッシーにはヤッシーなりのはかりごとがあったのかもしれない。自分は悪役だ。客席のにくしみを買うのが、仕事になっている。京都では、どうすれば観客の反感に、火をつけることができるのか。いい手が、ある。宇治出身の自分が京都への帰還を言いつのれば、彼らはいきりたつにちがいない。

そして、試合当日は、この思惑どおりにことがはこんでいく。ヤッシーのマイクにあおられた京都の観客は、彼に罵声をあびせだす。つまりは、悪役である彼の存在感を、あとおしするようになっていく。その計算に、まんまとのせられて。

宇治のくせに、京都と言うな。そう野次られて、ヤッシーは思ったろう。こいつらは、ほんとうにちょろい。手もなく自分のマイクに、あやつられている、と。

ヤッシーの内心をおしはかったこの読みときに、ほんとうの自信はない。京都人をみくびれるストーリーが、見つかった。それがうれしくて、ここへは書きつけたまでである。ただ、野次られているヤッシーを見て、私は彼の肩をもちたいと、強く思った。私じしんが洛中の人々からうけたしうちの数々を、走馬燈のように想いおこしている。リングでマイクをもつヤッシーは、他人じゃあない。あれは、私だ。さきほど披露したヤッシーの内面描写は、こういう想いこみのたまものにほかならない。

首都のメディア、におだてられ

嵯峨でそだち、今は宇治でくらしている私に、京都人としての自覚はない。私は自分のことを、京都ではよそもの、京都流に言えば「よそさん」だと思っている。洛中のつどいへ顔をだす場合でも、一種の居留民としてのぞんできた。

この言い方を、おおげさにすぎると考える読者もおられようか。居留民だなんて、外国人じゃああるまいし、と。

しかし、京都の町衆は、しばしば日本人のよそさんを、外国人なみにとらえてきた。たとえば、東京や大阪の資本がささえる店を、しばしば「外資系」だと、彼らは陰で言う。とりわけ、ぱっと見が京都風の町屋カフェなどを、この言葉であげつらうことは多い。

「でも、あの店、外資系やで」

話をもどす。とにかく、私は自分のことを、京都人だと思っていない。だが、私は首都東京の雑誌から、京都人としての仕事をたのまれることがある。たとえば、京都でおすすめの料理屋を、地元民の立場で紹介してくれ、と。京都の人が、隠れ家のようにつかっている店を、案内しろと言われたこともある。

こういう依頼は、ほんとうにこまる。私のことを、買いかぶらないでほしい。私が京都でよそものあつかいをされる度合いは、東京の雑誌記者とかわらないのだから。

のみならず、私は京都のいわゆる穴場情報に、まったくつうじていない。食事や衣服にこだわる情熱も、もちあわせてはこなかった。まあ、古本屋案内や建築めぐりぐらいなら、すこしはできそうな気もするが。

京都の店をよく知っているという点では、むしろ東京のメディア人に感心することが多い。鱧《はも》はどこがうまい、鮎《あゆ》はあそこが絶品だ、などという話を、私は彼らからよくおそわった。ミシュランにはのっていないけど、どこそこのほうが味はたしかだ、というようなことも。

そのうんちくには脱帽するが、しかし違和感もいだく。たまにしかこない京都の料理屋事情を、何故それだけくわしくしいれようとするのか。御苦労なことだなと、そう思う。

食通であることをほこる人が、それだけ首都には、おおぜいいるのだろうか。首都圏の店を知っているだけでは、はりあえないので、京都までグルメの足をのばす。京都になじみの店があるとにおわせ、差をつけたがるむきは、いくらかいそうな気がする。

京都特集をしばしばくむ雑誌の担当者は、何度も京都へきたことがあるだろう。それで、いやおうなく、京都の料亭事情にもくわしくなってしまうのかもしれない。

いずれにせよ、こういうメディア人の京都びいきを、私はいぶかしく思っている。いや、めいわくだという気持ちさえ、いだかないわけではない。あなたたちが京都に、そうやっておもねるから、洛中の人々もつけあがるんじゃあないか。洛外が見下される一因は、東京メディアが京都をおだてることにもあるんだ、と。

東京には、京都のことなどなんとも思っていない人だって、おおぜいいる。よほどのできごとでないかぎり、東京以外の現象には興味をしめさない人も、少なくない。見聞きにあたいするものは、みな東京にあるという考え方さえ、彼地では流布している。

だが、そういう人たちは、洛中人士の前にあらわれない。京都にあこがれる物好きだけが、近づいてくる。あるいは、メディア人もふくめ、京都をたてまつることで利益のみこめる人々が。

そして、彼らとの出会いがかさなるおかげで、京都人は誤解をしてしまう。首都東京も、京都には一目おいているのだ、と。どんな雑誌だって、企画にこまったらよく京都特集を、くむじゃあないか。そういって鼻をうごめかす洛中の旦那に、私は何度も出会ったことがある。

ああ、こういう人たちが洛外を馬鹿にするのだなと、私はそのつど考えこむ。嵯峨などを低く見るのは、首都のメディアにもてはやされ、うれしがっている連中だ、と。言葉をかえれば、けっこう底が浅いんだと、私は思いたがっているようである。まあ、それが私の精神衛生につながっているということかも、しれないが。

くらべれば、大阪のメディア人は、それほど京都の店をありがたがらないような気がする。京都の店がえらそうにふるまうことで、値打ちをつりあげていく。そういう上げ底のからくりを、近くにいるおかげで、見すかしているせいもあろう。安くてうまいところは大阪のほうが多いと、たいていの大阪人は思っている。

関西テレビ（在阪局）の某役員からは、こんな話を聞かされたことがある。系列のフジテレビから出張で関西にやってくる重役たちは、京都の店へいきたがる。大阪にだっていい店はあると言っても、彼らはなかなか聞きいれようとしない。やたらと、京都へでかけようとする。京都のほうがそれだけよく見えてしまうのだろう。全国区のイメージをくらべれば、やはり京都は得をしているね、と。

言外に、実質では大阪のほうがすぐれているというふくみも、彼はもらしている。そして、そう考えている大阪人は、けっして少なくない。京都の魅力は、実態以上にふくらまされているとみなす人が、この街にはおおぜいいる。

大阪市の北、京都市の南西に、高槻《たかつき》という都市がある。大阪府下の都市である。その高槻にすむ人々を、大阪人はよくひやかす。

「あんたら、もうほとんど京都やんか。大阪ちゃうわ。いっそのこと、京都になってしもたらどうや」

おわかりだろうか。大阪では、京都に近いことが、しばしばからかいの的《まと》となる。こういう揶揄《やゆ》がなりたつのは、大阪人があまり京都をうやまっていないせいである。統計的には語れないが、私の実感でも、京都をみくびる度合いは、大阪がいちばん強い。

そして、その点だけでも、私は大阪という街をありがたく思っている。首都のメディアがまつりあげる京都のすかした部分を、ないがしろにしてもらえる。洛中人士のほこらしげなところを、他の誰よりもあなどってくれるのは、大阪人である。

ただ、ざんねんながら、大阪のメディアに昔日の力はない。今は、出版界も放送界も、東京の一極に集中するかっこうで、なりたっている。京都へのあこがれに歯止めがかけられる大阪の存在感は、弱くなってきた。

まあ、私が今書いているこんな本をだしてくれる出版社も、東京にはある。あまり、悲観はしないようにしておこう。

山の彼方の空遠く

洛中なにするものぞ。私はそう気負いながら、話をすすめてきた。ここまで読んでこられた方も、私にはそんな敵愾心《てきがいしん》があるんだなと、思っておられよう。

もちろん、そういう心意気があることじたいに、いつわりはない。私は、洛中から見下されてきたことへの反発を気持ちのささえにして、これを書いている。洛外生息の劣等感が、執筆の原動力となっていることは、たしかである。

たしか……ではあるが、それがすべてかと問われれば、ややたじろぐ。まじりっ気のない反洛中意識だけで、私が原稿へむかっているわけではない。私の心中には、ここまでのべてきたことをうらぎる想いも、ひそんでいる。

それをあからさまに、書きつけてもいいのかどうか。私にためらいが、ないわけではない。書けば、あきれられてしまいそうな気もしている。

しかし、やはり頬かむりをしたまま、話をつづけるわけにはいかない。懺悔《ざんげ》をするぐらいの気持ちになって、あらいざらいさらけだそう。

京都の西郊に位置する嵯峨でそだった私は、洛中にひけ目を感じている。そして、洛中洛外のへだたりを知ってからは、より西側の亀岡をあなどりだした。田舎者よばわりをされた私は、より田舎びた亀岡を見いだし、心をおちつかせている。嵯峨は街からはずれているが、亀岡ほどじゃあない、と。無邪気な小学生のころは、亀岡のプールへ泳ぎにいくことが、夏のたのしみだったのに。

南郊の宇治にすむ今も、より南側の城陽《じょうよう》を、同じような目でながめている。あそことくらべれば、宇治のおかれた場所は、ずっと京都よりになる。そう自分には言いきかせ、心の平安をたもってきた。

「へーっ、嵯峨でそだたれたんですか。奇遇ですね。私は亀岡なんですよ。おたがい、けっこう近いところにいたんですね」

そう初対面の人から語りかけられて、私が気色《けしき》ばむことはないだろう。にこやかに対応すると思う。しかし、心の奥にどす黒い想いのもたげることを、私はとめられないような気がする。

——なんやて、亀岡が嵯峨と隣どうしやて、ちょっとまってえな。亀岡なんか、一山《ひとやま》こえなたどりつけへんやんか。それにな、嵯峨はやで、いちおう行政的には京都市内なんやからな。そこのところは、わきまえておいてもらわんと。

もちろん、そう言いたてたりはしない。だが、そんな感情は、いやおうなくわいてくるだろう。この点に関するかぎり、私は洛中の京都人をせめられない。彼らと同じような心のうごきは、私のなかにもある。あのいやらしい偏見は、私もわかちあっている。京都人のそれを、縮小再生産させたようなおごりが、私にないわけではない。

私が京都人をなじりたく思うのは、私に差別意識をうえつけた点である。彼らは、嵯峨をはじめとする洛外を、田舎だ僻地《へきち》だとあざけった。そして私に、洛中が中心となる地理上の序列意識を、すりこんでいる。おかげで、私は亀岡や城陽を見下す、おろかな人間になってしまった。京都的な差別連鎖のはしっこに、いつのまにかすえつけられたのである。

私は、自分のなかにひそむ亀岡や城陽への優越感を、きらっている。自己嫌悪を、そこには感じてきた。こういう差別意識には、とらわれたくなかったと、思っている。

私が亀岡や城陽を低く見るのは、京都の近くでくらしつづけたせいである。いつのまにか、京都人たちの中華思想に、汚染されてしまった。その華夷《かい》秩序を、反発はしながらも、うけいれるにいたっている。

その一点で、私は自分にも京都をにくむ権利があると、考える。私をみょうな差別者にしてしまったのは、京都である。人を平等にながめられなくさせたのは、この街以外の何物でもない。

京都人と接することさえなければ、私はもっとすこやかな人間になっていた。京の雅《みやび》も、遠くから、すなおにあこがれていたかもしれない。うらむべきは、この街である。あるいは、その近郊で生まれそだった自分の宿命か。

いずれにせよ、私は屈託をかかえながら、京都の近くでくらしつづけている。

ハゲとデブ

洛中の京都人が、洛外者をあなどり、しばしばいけずな物言いをなげつける。このふるまいを、私はさきに差別意識のあらわれとして、あつかった。

そこでつかった「差別」という言葉に、なじめない読者はおられよう。嵯峨や宇治をからかうことと、いわゆる差別のあいだには、溝がある。私が問題にしていることも、差別にはあてはまらないんじゃあないか、と。

たしかに、差別の撤廃をめざす人権研修などで、洛中と洛外の問題が語られることはない。嵯峨や宇治を下に見ることはやめようと、つげられたりはしないだろう。そういう場では、もうすこし深刻な人権侵害が、とりざたされるはずである。

くらべれば、嵯峨や宇治をあなどる洛中人士の言動は、罪が軽いとみなされやすい。ほめられはしないが、いちいちとがめるほどのことでもないと、考えられている。洛外をおとしめる物言いが、おおっぴらにとびかいやすいのも、そのためだと思う。

嵯峨や宇治、あるいは亀岡や城陽だけにかぎったことではない。東京人が千葉や埼玉を愚弄することも、ゆるされる範囲のなかにはいっている。あるいは、名古屋をジョークタウンとして、もてあそぶことも。

かたい話になるが、近代化は社会階層の平準化をおしすすめた。下層とみなされた人々を、あしざまに難じるふるまいも、社会はゆるさなくなっている。

だが、人間のなかには、自分が優位にたち、劣位の誰かを見下そうとする情熱もある。これを全面的にふうじこめるのは、むずかしい。だから、局面によっては、それが外へあふれだすことも、みとめられるようになる。比較的さしさわりがなさそうだと目された項目に関しては、歯止めがかけられない。

たとえば、身体障害については言及しづらいが、ハゲをめぐる陰口は、ゆるされる。ハゲが、障害というほどの重い状態だとは、考えられないせいである。いや、それどころではない。障害方面では出口のふさがれた暗い情熱が、ハゲ方面に鬱憤の捌《は》け口《ぐち》を見いだすようになる。そのため、ハゲが、おおっぴらな揶揄の対象となってしまう。あるいは、デブやブスなども。

重い差別が、社会の表面からはけされていく。しかし、かつての差別をささえた人間の攻撃精神じたいは、なくならない。そして、それは、軽いとされる差別に突破口を見つけ、そこからあふれだす。あるいは、差別の対象ともみなせぬ小さな負の印に、と言うべきか。ハゲなどばかりがからかわれやすい状況は、こうしてもたらされる。

現代の京都でも、同和問題や民族問題についての差別的な言辞は、ゆるされない。確信犯的なヘイトスピーチはあるが、それもたいへんこまったことだとされている。基本的には、口にするべきことじゃあないと、考えられているはずである。

そのぶん、洛外を見下す言葉は、かえってあふれやすくなる。嵯峨の田舎よばわりは、罪も軽そうなので、よりいっそういきおいを強めていく。その意味で、京都における嵯峨や宇治は、身体面でのハゲやデブにあたるのだと思う。まあ、私はこのごろ、ほんとうにすこしハゲだしてもいるのだが。

洛中が洛外をおとしめることは、昔からあったろう。そこに、古都京都の伝統がないとは、思わない。しかし、洛外をあなどる気分の増幅には、現代的な情勢も加味されていると、私は考える。差別的な情熱を、そこへかこいこむ社会のしくみも、今の言論状況をささえている、と。

「宇治のくせに、京都と言うな」。「山科なんかにいったら、東山が西に見えてしまう」。こういう物言いは、比較的若い人々の口からはなたれた。やはり、それは現代的な言論のあり方を、うつしだしているのだと思う。

そして、いけずの鮮度が高いこのような言動は、以前の差別を陰画の形でほのめかす。洛外がこういった言葉をひきうける前の時代に、賤民蔑視のほどはいかばかりであったか。京都はやはりこわい、そしていやな街だったんだろうなと、考えこまされる。

京へいく老人たち

いわゆる郷土教育を、私たちの世代は小学校の三、四年ごろにうけた。嵯峨小学校へかよっていた私も、京都についてのあれこれを、そのころにおそわっている。京都はいいところだというような情操教育も、ほどこされた。

ただ、京都をうるわしく語る素材の多くは、洛中とかかわる事例であったと思う。たとえば、西陣織、友禅染、祇園祭、平安京以来の千年をこえる歴史などである。私の地元である嵯峨の話などは、あまり聞かされなかったような気がする。

いずれにせよ、こうした教育をつうじ、私たちは京都の人間としてそだてられた。たとえば、祇園祭のことなどもほこらしく思うように、なっていく。洛中の文化を、自分たちもわかちあっているかのような幻想さえ、うえつけられた。

だが、長じて出会った洛中の人々は、よってたかってこれをうちこわす。祇園祭は洛中の、町衆がいとなむ祭であり、嵯峨の田舎者なんかはかかわれない。お前たちがくらす洛外と洛中のあいだには、深くて暗い溝がある。肝に銘じておけ、というように。

いっぽう、学校の公教育は、いっさいそういうことを、知らさない。嵯峨のみんなが住んでいるのは、洛外です。洛中でくりひろげられることどもに、自分たちもつながっていると考えては、いけません。洛中でのいとなみを、我が物顔で語ることがゆるされるのは、洛中の人だけです。洛外のみんな、そこをはきちがえないようにしましょうね、とは教えてこなかった。

あらかじめそう言われておれば、彼らと出会って傷つく度合いも、小さかったろう。だが、学校教育を真にうけた私は、尊大な洛中にたいする免疫を、つくれなかった。おかげで、大人になってから、初遭遇の場で、大きな心の痛手をこうむっている。

そういえば、嵯峨の老人たちは市中へでかけることを、「京へいく」とよく言っていた。一九六〇年代までは、そういう声を、じっさいに、私も聞いたことがある。嵯峨も同じ京都なのに、どうしてあの人たちは、わざわざ「京へいく」と言うのか。子ども心に、そういぶかしく感じたことも、おぼえている。

しかし、なまりのぬけなかっただろう彼らは、ちゃんとわきまえていた。嵯峨が田舎であり、京都とはよべない別の場所であることを。だからこそ、洛中へむかうおりには、ことあらためて「京へいく」と、まわりにつげた。嵯峨とはちがう、よその街へいくのだと、彼らなりに自覚していたのである。

西陣織や友禅染をはぐくんだ京都の一角に嵯峨もあると、彼らは考えなかったろう。嵯峨までふくむひろがりが、祇園祭のはなやぎを共有しあっているとも、思うまい。京都府下を一体的にとらえる教育も、彼らの実感からはうかびあがっていたはずである。

昔は嵯峨から、よく肥をくみにきてくれた。嵯峨あたりからくる人は発音がおかしかったから、よくからかったものである。杉本秀太郎氏や梅棹忠夫氏は、私にそうつげている。「京へいく」と言っていた嵯峨の老人たちなら、町衆のこういう物言いに、あらがうまい。旦那方のおっしゃるとおり、自分たちは田舎者だからと、自然にうけいれただろう。

だが、私にはそれができない。洛中人士の思いあがりには、どうしてもいらだちをおぼえる。とうとう、こういう本を書きあげてしまうまでになった。かつての老人たちとくらべれば、嵯峨の民草《たみくさ》もずいぶん生意気になったと、思われようか。

けっきょく、私は戦後の、平等をよしとする公教育でそだったということなのだろう。ある地域に、他の地域を見下す権利があるなどとは、はなから思わない。どこの地域にも、ひとしなみの尊厳があってしかるべきだと考える。民主主義を国是とする戦後のいい子として、調教されたような気がする。

また、そういう教育をほどこした学校に、うらみつらみもいだいていない。なるほど、早めに洛中洛外の格差を教えてもらえれば、あとでこうむる傷は小さかったろう。京都人たちにいけずを言われても、いちいちダメージをうけたりはしなかったと思う。はじめから、洛中の文化的な優位を、さとされていたならば。

しかし、あの教育をほどこされたおかげで、私は心に痛手をうけることができた。差別はいけないと教えられたうえで、嵯峨をあからさまに愚弄する人々と、出会えている。京都の子どもとしてあつかわれながら、あとで自分は京都の子じゃないと、気づかされた。ひとつの価値がゆらぎ、くずれていく様子を、堪能させてもらうことができたのである。

こういう崩壊感覚の体験は、私の書くものに、ある屈折をあたえているだろう。ひろがりや奥行きを、まあ臭気や毒気もあるかもしれないが、もたらしていると思う。そういえば、私が技術畑の仕事に見切りをつけ、文筆にめざめたのも、あのころだった。

私の著述に読みどころがあるとすれば、何ほどかはその副産物であるだろう。あの時あじわった挫折こそが、私のささやかな文業をささえている。

そう思えば、心のおれた経験も、今となっては貴重な糧《かて》である。その前提となる民主教育をすりこんでくれた学校にも、感謝をするしかない。あのたてまえが、心中にくみたてられていなければ、その崩壊も味わえなかったのだから。

私に屈辱をしいた洛中の中華思想にも、ついでだが、ひとことお礼の言葉をのべておく。京都の子として成人していきかねない私の脚を、洛中の人々はひっぱってくれた。お前は京都の子じゃあないと、私はくりかえし、念をおしてもらえたのである。おかげで、私はやや癖のある著述家になりおおせることができた。ありがとうございます。

こういう私の書きっぷりを、洛中の人々はにがにがしく感じるだろうか。しかし、私もまた京都の洛中文化・いけず目線をあびることで、そだっている。はなやかな洛中の、その日陰で芽をだした隠花植物のような書き手なのである。私の言動も、京都がまいた種、いや肥料のせいであると、かみしめてほしい。

“KIOTO”がしめすもの

二〇〇四年に、二カ月半ほど、ブラジルのリオデジャネイロでくらしたことがある。リオ州立大学の日本語学科で、日本文化を教える仕事に、たずさわった。

ブラジルの公用語であるポルトガル語は、まったくわからない。だが、さすがに日本語学科で、日本語のできる人はおおぜいおり、よくたすけてくれた。通訳やガイドめいたつとめでも、とりわけキタハラ先生には、お世話をかけたものである。

さて、リオには日本通も、少なからずいる。日本からきたという私に、日本のどこだとたずねかえす人も、いなくはない。そういうおりには、しようがないので京都からだと、こたえている。自分は洛外者であり、ほんとうは京都じゃないというふだんのこだわりは、おし殺した。さすがに、この地で洛中と洛外の説明をするのは、わずらわしいと考えたせいもある。

このくだりを読んで、しゃらくさいと感じる洛中生息者は、いるだろう。嵯峨そだちで宇治ずまいやのに、ブラジルでは京都の人になりすまさはったんですか。そら、あんな遠いとこまでいったら、ばれる気づかいはおへんわな。ひとときでも、京都からきたと言えて、御気分もよろしおしたやろ。以上のような皮肉を想いつくだろう京都人の姿も、私の脳裏をよぎらないわけではない。

そういうえらそうな京都人たちに、つげておく。リオには、「キョオト」という会社がある。害虫の駆除を仕事にしている会社である。ゴキブリやシロアリの退治に力をつくす人たちが、リオでは「キョオト」を名のっている。

日常生活に深くかかわる業務であり、その知名度は圧倒的である。市中をあるいていても、〝KIOTO〟のロゴが車体におどる同社の車を、よく見かける。

シロアリやゴキブリにこまった時、リオの市民は「キョオト」へ電話をする。そうすると、「キョオト」からはそれらを退治するスタッフが、やってくる。

ゴキブリに手を焼く家の前へ、〝KIOTO〟と大書きされたライトバンが、停車する。車からおりた専門家は、玄関口でつげるだろう。こんにちは、「キョオト」からきました、相手はゴキブリですね、おまかせください、と。

そんな挨拶に、現地の人々はなれしたしんでいる。「京都からきた」という私の自己紹介も、しばしばほほえみとともにうけとめられた。私が口にする「京都」は、ゴキブリの「キョオト」を連想させ、笑いをさそったのである。

洛中人士は、京都という名に、ひとかたならぬ誇りをいだいているだろう。しかし、リオの市民は「キョオト」という響《ひび》きに、まずゴキブリなどを想いえがく。「京都からきた」という日本人に出会っても、この想いはおさえにくい。ついつい、顔をほころばせてしまうことになる。彼らの笑顔は、尊大な京都もここへくればゴキブリの相手になることを、物語っていた。

こういううけとりようが、京都をみくびっているようで、うれしかったせいだろう。自己紹介で「京都からきた」と言うことに、私は違和感をおぼえなくなっていく。日本のどこからきたのかと聞かれる前に、自分のほうからそうつげることもふえだした。

私の「京都から」という応答で、ゴキブリを想いうかべほほえむ彼らと、出会いたくて。えっキョオト、ああゴキブリ屋さんですねというような表情を、何度でも見たかったから。京都人をよそおったと思われかねないふるまいにおよんだのは、そのためである。

ところで、その〝KIOTO〟は、ほんとうに日本の京都をさしているのか。ポルトガル語で、べつの何かを意味する可能性だって、あるかもしれない。読者のなかには、そうとまどうむきも、いそうな気がする。

しかし、ポルトガル語の〝ＫＩＯＴＯ〟に、京都という地名以外のふくみはない。この綴りがしめすのは、ただひとつ、日本にある京都だけである。

「キョオト」という会社には、マスコットキャラクターがある。出っ歯で、細い目がつりあがるその顔立ちは、東アジア人をいやおうなくしのばせる。柔道着らしい衣服もはおっており、そのいでたちはオリエンタルにうつると言うしかない。のみならず、そこには漢字やカタカナめかした文字もしるされている。日本人、あるいは日系人の姿をおしだしたキャラクターであることは、いなめない。

ライトバンやポスターで見かける〝ＫＩＯＴＯ〟の字体も、東洋風になっている。これが、京都以外の何かをあらわしているとは、とうてい思えない。むしろ、それらはよってたかって、日本の京都であることをしめすようつとめている。

ライトバンの車体にえがかれているのは、〝ＫＩＯＴＯ〟という文字だけではない。そこには、ゴキブリやシロアリの絵も、うつしだされている。〝ＫＩＯＴＯ〟は、それらの害虫群にとりかこまれるかっこうで、あしらわれていた。

〝ＫＩＯＴＯ〟のロゴマークが、ゴキブリらをしたがえて、リオの街を疾走する。その

〝KIOTO〟は、まちがいなく上京区や下京区のある京都なのである。

ブラジルには、アムステルダムという会社がある。宝石商のひとつが、そう名のっている。また、コペンハーゲンという会社も存在する。こちらは、チョコレート菓子で知られている。

アムステルダムが宝石を、そしてコペンハーゲンはチョコレートを売ってきた。そのいっぽうで、京都はゴキブリやシロアリにむきあっている。アムステルダムやコペンハーゲンと、京都のちがいはいったい何に根ざしているのだろう。

ブラジルの日本像

私はリオ滞在中に、「キョオト」の本社をたずねたことがある。害虫駆除の会社なのに、どうしてそんな名前をつけたのか。そこがなじめず、問いただしたくもあってでかけたと、以前別の本に書いたことがある（『ハゲとビキニとサンバの国』二〇一〇年　新潮新書）。

そう、あの本は、愛郷心を高ぶらせての訪問だったということで、話をすすめている。そして、そういうところも、まったくなかったわけではない。私も京都府民のひとりであり、心の片隅では、「キョオト」という名に痛手をうけていた。その名はさけてほしかったという想いが、どこにもなかったと言いはるつもりはない。

だが、洛中人士の鼻をあかしてやりたいという怨念は、それ以上に強かった。あの会社は、「キョオト」のどこに害虫退治むきの響きを感じ、その名をえらんだのか。その背景をさぐり、京都に一太刀《ひとたち》あびせたいという想いは、愛郷心を上まわっていた。

そして、前にあらわした本は、そちらの本音をふせている。ひょっとしたら、その当時は、まだ正直に書ききる勇気がなかったのかもしれない。京都洛中の威光に、遠慮をしていた部分もあったのだろうか。

まあ、前著はブラジル事情を日本へつたえるために、書いている。洛中と洛外にかかわる自意識の葛藤を、ほじくりかえすための本では、そもそもない。ややこしい心の綾は、あえて書かずに、愛郷心ゆえの訪問という話で、処理をしておこう。以上のように考え、わかりやすい書きっぷりですませたことを、おぼえている。

しかし、今回の本では、もうにげない。害虫駆除会社の名前には京都がふさわしいと、あるブラジル人経営者は見きわめた。なぜそう判断したのかをしらべれば、京都人の不快がるデータがひろえるかもしれない。京都府民の私もつらいが、京都人ならもっといやがる話に、光をあてられる可能性もある。そう念じ、「キョオト」の本社へおもむいたことを、すなおにのべておく。

ざんねんながら、本社で取材をしても、それほどおもしろいネタは、見つからなかった。「キョオト」という社名を採用した事情も、わりあいいい話で、がっかりさせられている。前著を読んでくれた読者には二度目の披露となるが、その名はこうしてえらばれた。

二十数年前に、創業者がサンパウロで日本人から害虫駆除薬の成分を、おしえられている。そして、彼の指示にしたがってつくった薬は、圧倒的な効果を発揮した。その後、実用化にも成功し、当社は今日までいたっている。「キョオト」の名は、薬の知恵をさずけてくれた日本人に感謝して、つけられた。その音が、いかにも日本的にひびくので、これを社名にしたというのである。

念のためにのべるが、「キョオト」の本社で、私は日系人を見なかった。会社の首脳部は、基本的に西洋人たちで構成されている。「キョオト」の背後に、日系人たちの民族的なこだわりは、まったくない。そこにあったのは、むしろ西洋人のエキゾチシズムである。

くりかえすが、「キョオト」は、日本を代表する名前として、選別されていた。こんな話だと、京都人はすこしも傷つかない。むしろ、得意の鼻をますますうごめかすような筋立てに、なっている。取材が期待はずれにおわったと、さきほど書いたのは、そのためである。

ただ、害虫駆除会社の社名問題は、まだまだおわらない。私はリオ滞在の最終日まぎわに、もう一軒、べつの駆除会社を見つけている。「キョオト」ほど、大きくはないし、ひろく知られているわけでもない。だが、たしかにそこも、ゴキブリやシロアリとたたかう姿勢を、見せていた。

新しく私が、街のポスターで発見したその会社は、「トヤマ」を名のっている。日本の富山県にあやかった名前だと、みなしうる。リオをはなれる直前だったので、その「トヤマ」はたずねそびれている。やはり、ここでも日本人から薬品の化学組成などを、おしえられていたのだろうか。

サンパウロでも、ついでに私はたずねている。この街で、いちばんよく知られた害虫駆除会社はどこか、と。ある人は、「ナガサキ」がてびろくやっているんじゃあないかと、言っていた。うちでは「オオサカ」にたのんでいるという話も、聞かされたことがある。

どうやら、ブラジルでは日本の地名が害虫へたちむかう者に、好まれているらしい。リオの「キョオト」も、それらのひとつでしかなかったようである。「キョオト」だけをしらべても、事態は説明しきれないことが、わかってきた。なぜ、日本の地名に、そういう会社の人気があつまるのかは、まだしらべきれないが。

いずれにせよ、これはグローバル時代における、日本の問題なのである。京都論が語りうる素材には、なりえない。ただ、ゴキブリなどにかこまれた〝ＫＩＯＴＯ〟という構図は、私に強い印象をあたえた。京都を語るこの本でも、余談のひとつくらいにはしておきたいと思ったしだいである。

二　お坊さんと舞子さん

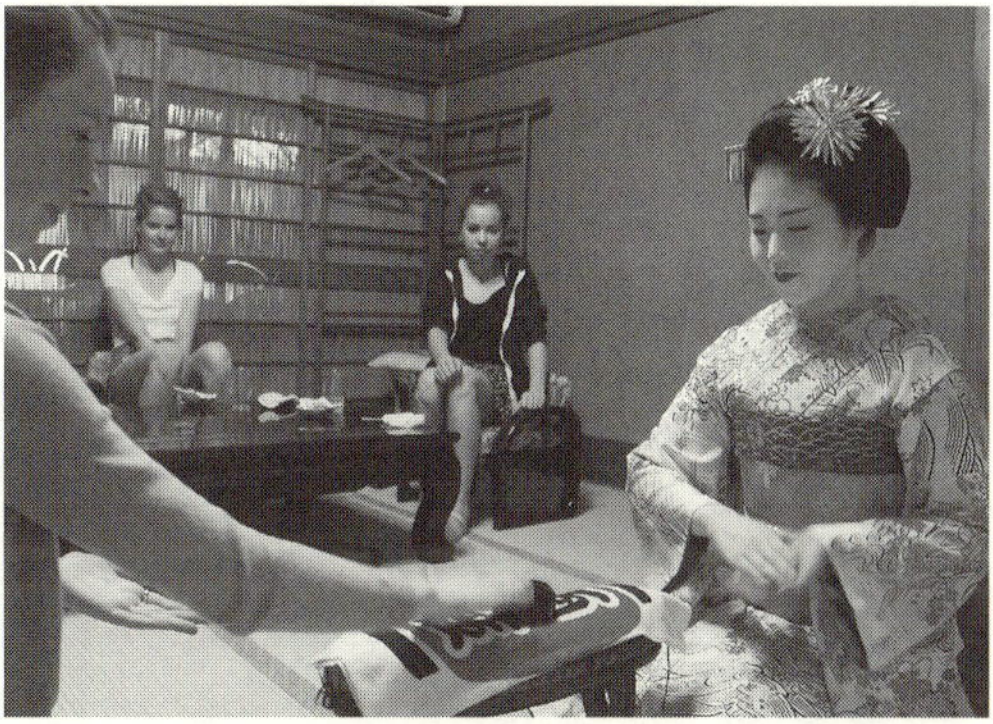

ロンドンからの観光客とお座敷遊びをする舞子さん
（京都市東山区）

芸者か、芸子か

ちょっとした都会なら、どこでも花街のにぎわった時代が、かつてはあった。料亭での接遇をたのまれた芸妓《げいぎ》たちが、はでに着かざり、往来をゆききする。そんな光景にも、日本中の酔客がなじんでいたはずである。

しかし、今は酒席へ芸妓をまねこうとする男の数が、よほどへっている。お姐《ねえ》さんの接待をほしがる男は、たいていホステスクラブへおもむくだろう。あるいは、キャバクラへ。三味線と舞で宴席に彩りをそえる芸妓は、もうあまり男たちの興をそそらなくなっている。

じっさい、二〇世紀の後半には、多くの街で花街がらみの業者が、仕事をやめた。芸妓の姿も、今はほとんど見かけない。首都東京でさえ、花柳風俗はずいぶん下火になってきた。向島や神楽坂あたりには、まだのこっているかもしれないが。

京都でも、さかりのころとくらべれば、その低落ぶりはいなめない。しかし、全国的な低迷傾向を考えれば、ここはずいぶんもちこたえているほうだと思う。

じっさい、祇園あたりへいけば、芸舞子《げいまいこ》が路上を闊歩する姿も、よく見かける。年端のいかぬ舞子と出会うことも、少なくない。この世界に、新しい人材のはいりつづけている様子が、彼女らをながめればよくわかる。老妓を時おり目にするだけの街とちがい、ここでは花街が若さをたもっている。

ただ、今の日本では、屋外で見かける彼女らの姿が、そうとうめずらしくうつる。そのため、彼女たちにでくわした観光客は、しばしばまわりによってくる。舞子にたのんで、記念写真をいっしょにとってもらおうとする観光客も、けっこういる。時間にゆとりのある場合は、彼女らもそういう求めをうけいれているようである。

外国人観光客にかこまれ、とまどっている芸舞子も、なかにはいる。さわりかける外国人も、いなくはない。花見小路《はなみこうじ》のあたりは、日本的な花柳文化のテーマパークだと、見られているせいか。着物の芸舞子は、遊園地ではたらくマスコットめいた印象を、あたえているらしい。

中国語のおっさんにまとわりつかれている彼女らを見ると、気の毒な気もする。「さわらんといて」と言っても、彼らにはなかなかつうじないだろう。邪慳《じゃけん》にもしづらいし、かわいそうだなと、他人事《ひとごと》ながらそう思う。まあ、中国人のふりをして、舞子にさわろうと

「かにかく祭」で吉井勇の歌碑に花を供える祇園甲部の芸舞妓さんたち（京都市東山区）

する日本人のおっさんも、いそうだが。

さて、外国人観光客の多くは、京都ではたらく芸子《げいこ》のことを芸者《げいしゃ》だと、思っている。彼らの会話でも、ゲイシャという言葉は、よくとびかう。関西でながらくつかわれてきたゲイコは、けっきょく世界に普及しなかった。英語やフランス語には、関東流のゲイシャがとりいれられている。

念のため、芸子と芸者のちがいを、かんたんに説明しておこう。

宴席で芸を披露して接待につとめるのは、もともと男の仕事だとされていた。江戸でも京大坂でも、彼らは芸のある者＝芸者と呼ばれている。武芸の達人を武芸者というが、それと同じような呼称として、この言葉はなりたった。

一八世紀のなかごろには、その宴席へ女たちもはべるようになる。上方では、新しく登場した彼女らを、芸者（男）と区別するために、芸子とよびだした。そして、男である芸者は事実上絶滅し、今は女の芸子だけがのこっている。だから、芸者と言えば、もう見られなくなった、歴史上の男たちをさすことになる。

いっぽう、江戸では新規参入の女たちを、女の芸者＝女芸者と命名した。旧来の芸者（男）には、男芸者という名をあてている。その男芸者はしだいにすたれ、女芸者だけが宴席では幅をきかすようになる。そのため、男芸者がほぼいなくなった段階で、女芸者を芸者とする略称が普及した。もう、女しかのこっていないので、芸者は女の芸者たちをさす言葉に、なったのである。

いずれにせよ、女の芸者をただの芸者とよびだしたのは、江戸東京の花柳界である。京大坂、上方では彼女らを芸子と名づけていた。

そして、近代日本は江戸東京の政府をつうじて、国際社会とむきあいだす。ゲイコではなく、ゲイシャが世界へひろまったのは、そのためだと言うしかない。

京都は、一八世紀以来の花柳文化を、もっとも色濃くつたえる都市である。ほんらいなら、そこに敬意をはらわせ、外国人にもゲイコとよばせたいところであろう。せめて、京都にいる芸子のことだけでも、ゲイコと言ってほしいにちがいない。にもかかわらず、世界は彼女らのことも、ゲイシャとしてうけとめる。国際化が、東京中央政府にひきいられたという現実を、こんなところでも思い知る。

ちなみに、芸妓は、芸者や芸子を総称する漢語である。日本では、ややかしこまった官庁用語として、もちいられることがある。たとえば、芸妓取締規則というように。

花柳の巷《ちまた》で、ゲイギという響きを耳にすることは、あまりない。ただ、この言葉には、関東関西のどちらでも、ひとしくつかえるという利点がある。祇園の芸者などと書いてしまうよりは、祇園の芸妓とするほうが、よほどいい。それがかたくるしく感じられるのなら、芸妓《げいこ》とルビをふる手もある。念のため、書きそえる。

まあ、「妓」は女をさすので、江戸初期の芸者（男）までは、ふくみえないのだが。

呉服と映画の時代は、すぎさって

伝統的な花街が、今でもさかえている街は、ほとんどない。まだ、いくらかはなやいでいるのは、京都と金沢や博多ぐらいにかぎられそうな気がする。

京都については、大学の先生たちがよくあそぶせいだという声を、しばしば耳にする。京大あたりには、好きそうな先生が多いんじゃあないか。そう首都のメディア関係者から、たずねられることもなくはない。

なるほど、京都は人口規模のわりに、大学や研究機関がたくさんあつまっている。だが、いわゆる研究職の給与で、日常的に芸子あそびができるとは思えない。すくなくとも、花街をささえる社会層として、ひきあいにだすのは、まちがっている。なかに、お茶屋好きの研究者もいくらかはいるというぐらいが、関の山であろう。

戦前の帝国大学教授たちは、サラリーにもめぐまれていた。あの時代なら、研究者もスポンサー役の一角ぐらいは、になえたかもしれない。九鬼《くき》周造のように、祇園から京大へかよった教授も、いただろう。しかし、当時の大学関係者だって、花街をうるおわす存在であったとは思えない。

祇園や上七軒《かみひちけん(ママ)》で大盤ぶるまいにおよんだのは、なんといっても呉服関係の商人であろう。

西陣や室町《むろまち》の旦那たちこそが、芸舞子のつどう街をかがやかせたのだと思う。

はなやかな京友禅の着物も、なにほどかは芸舞子を念頭において、こしらえられたろう。あの妓《こ》は、これはおったら、どんなふうにうつるのか。それが旦那たちのたのしみになって、あつらえられた着物も多かったと思う。その意味で、芸舞子たちは、ファッションモデルめいた一面もそなえていた。

とはいえ、今は和服とかかわる繊維産業が、ずいぶん下火になっている。西陣は空洞化がいちじるしいし、室町もすっかりさびれてきた。百貨店の呉服売場も、どんどんその売場面積をせばめている。この産業に、今日の花街をささえる力があるとは、とうてい思えない。

花街のにない手として、あとひとつはずせないのは、映画界である。

京都は、ととりあえず、今そう書くが、日本映画をはぐくんだ一大拠点であった。多くの映画人がつどった太秦《うずまさ》を、東洋のハリウッドとよんだ時期もある。一時代をきづいたスターたちも、その周囲に屋敷をかまえていた。

花街を舞台とした豪遊ぶりでも、スターたちは武勇伝を数多くのこしている。市川雷蔵や勝新太郎が、芸子を総揚げしたというような伝説も、よく聞かされる。スターどうしが、宴席のはなやかさをきそいあうようなことも、あったという。

しかし、今となっては、これも昔話でしかありえない。今日の太秦は、見る影もなくなった。京都の映画人で、祇園や上七軒がにぎわう風景は、もう想像することさえできない。

余談だが、太秦の時代劇映画は、野外ロケで近くの嵯峨にしばしばおもむいた。大きくひろがる田園の光景が、時代劇の背景にふさわしいと考えられたからだろう。田舎びた嵯峨に、映画人たちは、江戸時代とかわらぬ世界を見いだしたのだと思う。

私が物心のついたころにも、嵯峨はテレビ時代劇のロケ地に、しばしばなっていた。うちの近所にある大覚寺で、遠山の金さんが、お白州《しらす》のさばきをやっている。水戸黄門の御一行が、これまた近くの広沢池《ひろさわのいけ》で、旅姿を撮影されていた……。そんな想い出も、私にはたくさんある。

テレビの画面でしめされる嵯峨の光景に、私はほこらしい気分も感じていた。自分はえらばれた地域でくらしている、というふうにも思ってきたのである。

嵯峨からは、よく肥をくみにきてくれた。嵯峨の人たちは、言葉がおかしかったから、しばしばからかったものである。成人後の私は、そう言って嵯峨をおとしめる洛中の京都人たちと、出会うことになる。そして、自分は僻地の子であると、いやおうなく思いこまされた。

私が彼らからいだかされた落胆の、その度合いをわかっていただけただろうか。銀幕の舞台にもなっている。スターが住んでいる、ビバリー・ヒルズのようなところで、くらしてきた。そんな自負心を、洛中の人々はうちくだいたのである。

さて、洛中の映画好きにも、かつての太秦を自慢げに語る人はいる。京都の太秦こそが、日本映画史の礎《いしずえ》をきづきあげたと言いたがる人に、出会うことはある。そういう人の話を聞くたびに、私の心はささくれだつ。京都の、太秦やて。どうせ本音では、あのあたりのことを京都の外側やと思うてるくせに、よう言うわ……。

話をもどす。とにかく、太秦の映画づくりは、おちこんでいる。しばらくはテレビの時代劇で生きながらえてきたが、今はそれもとどこおり気味である。周知のように、テレビは、時代劇をほとんど制作しなくなった。まあ、ＮＨＫはまだがんばっているが。

いずれにせよ、そういう映画界に、花街をにぎわせたかつての勢いは、のぞめない。繊維産業と同じで、花街のスポンサーという地位からは、とっくにおりている。

伝統的な呉服が、売れなくなった。髷《まげ》と刀の時代劇も、人々から見はなされだしている。そうした時勢にもかかわらず、京都の花街は、なんとかかんとかその命脈をたもってきた。数寄屋の建物で、着物の芸舞子が、三味線の地唄にあわせた舞を披露する。そんなアナクロニズムを、なりたたせつづけてきた。

私には、この現象が、ちょっとした奇跡としてうつらなくもない。じっさい、他の都市だと、たいてい花柳界は衰退の一途をたどっている。いったい、なぜ京都では芸舞子の世界が、まがりなりにも生きながらえていけるのか。私なりに、考えてみたいところである。

姫・坊主・姫・坊主

念のためことわっておくが、私は花街へそれほど足をはこばない。茶屋などで芸舞子とむきあうのも、三、四年に一度くらいのものだろう。まあ、数回はそういう宴席もあじわったというていどの体験で、話をすすめることになる。

これから書く光景を、はじめに見たのがいつどこでだったのかは、もうおぼえていない。

二、三十年前に、祇園の料理屋ででくわしたのが最初だと思うが、記憶はあいまいである。ただ、カウンター席でくりひろげられていた構図は、はっきり目にやきついている。
その席には、僧侶が数人すわっていた。僧服を着ているので、わかる人がながめれば、どこの宗派かも読みとれたろう。私にその識別能力はないので、宗派までは見ぬけない。しかし、とにかく何人かのお坊さんが、坊主のかっこうをしたまま、席についていた。いや、僧侶だけではない。そこには、着かざった芸子たちも、腰をおろしていた。しかも、僧、芸子、僧、芸子……と、かわりばんこにすわっていたのである。

芸子あそびをする閉ざされたお茶屋で、それを見たわけではない。いわゆる料理屋で、入口の扉をあけた瞬間に、この光景と私は出会っている。カウンター席の僧侶たちが、世間のまなざしを気にしていたとは、とうてい思えない。彼らは、衆人環視のなかで、誰はばかることもなく、芸子たちとたわむれあっていた。

扉口でその光景をとらえた私は、すぐに百人一首の坊主めくりを、想いだしている。姫、坊主、姫、坊主……と絵札のならぶ様子が、脳裏には去来した。

話はとぶが、坊主めくりは僧侶を馬鹿にしたゲームだと思う。坊主の絵札を手にしたものは、それまでにたくわえた札を、みなすてなければならない。だから、坊主札をとってしまうたびに、こうさけぶ。「うわっ、坊主や、坊主つかんでしもた」、と。

これが、僧侶をうやまう民族になじまれているあそびだとは、思えない。東南アジアあたりの仏教国だと、こんなゲームは、まずなりたたないだろう。キリスト教圏でも、神父や牧師を、ここまで愚弄するゲームはありえまい。日本人が、聖職者をコケにする度合いは、他の民族より強いと思う。

坊主めくりがはじまったのは、明治以後だとされている。その成立に、どのような事情があったのかを、私はよく知らない。だが、姫と坊主がいならぶカウンターを見た時、反射的にこう思った。あのゲームは、こうした光景がもたらしたのかもしれない、と。

袈裟《けさ》をはおった僧侶が、人前で芸子とじゃれあうことも、京都ではよくある。私じしん、その後も何度か、そういう場面を目撃した。数少ないお茶屋あそびのおりにも、芸子たちから証言をもらっている。僧侶は、いいお客さんたちである、と。

「お坊さんら、ようあそびにきはりますえ。お宗派は、あんまり関係おへんなあ。みなさん、どちらの方もよううちらをたのしませてくれはります。袈裟姿でおいやすことも、あんまり気にはしたはりません。それで、世間にお顔がさすとは、思たはらへんのんちゃいますやろか」

名はふせるが、三井寺《みいでら》のある僧侶に、こうつげられたこともある。

「祇園も先斗町《ぽんと》も、わしらでもっているようなもんや。わしらがあそびにいかへんかったら、芸子や舞子のおるところは、つぶれてしまうやないか」

この言いっぷりを、文字どおりにうけとっていいのかどうかは、わからない。花街であそぶ嫖客《ひょうかく》たちの職種に関する統計はないから、正確な分析は困難である。僧侶の出費が、どのていどであるのかも、読みとれない。

ただ、自分たちこそ花街をささえていると、公言できる僧侶がいる点は、重要である。その自負心がいだけるのなら、花街で僧服をはじる必要はないだろう。芸子あそびの現場を檀家に見られても、臆せぬ気がまえだって、できているにちがいない。

僧服のことは、さきほど紹介した三井寺の僧侶にも、たずねてみた。その時、おしえてもらったゆかいな逸話を、ここに紹介しておこう。

「夜あそびは、きらいやないですよ。東京でも、よう飲みにいきます。このあいだ、銀座のクラブに、坊さんのかっこしたまま入ったんですわ。そしたら、ホステスもほかの客も、びっくりしたような目で、こっちをながめよる。それで、自分がうっかりしてたことに、気がついた。しもた、ここは京都とちがうんや、東京やったんや、てね」

あとでもふれるが、京都の僧侶が夜あそびででかけるのは、伝統的な花街にかぎらない。ホステスクラブへおもむくこともある。そして、肩や腕もあらわなドレスのお姐さんに、袈裟姿のままじゃれついたりもしてきた。僧服の僧侶たちが、京都のクラブでは、それだけ自然にうけいれられている。そのいでたちで、おどろかれることはない。

しかし、さすがに他の街、たとえば東京あたりでは、僧服姿が異様にうつる。ありえない衣装として、とらえられる。そして、夜の京都になれすぎた僧侶は、時に京都以外のそんな常識を、失念してしまう。他の街でも、京都流の袈裟姿をあらためず、店の気配をこわばらせることが、おこりうる。

とはいえ、京都の僧侶も、私服で夜あそびにでかけることはある。ジャケットにネクタイといったいでたちで、お茶屋やクラブをおとずれる機会は多い。地元では、つねに僧形《そうぎょう》のまま夜の街へでかけていると思われても、こまる。

ただ、いろいろな事情で、袈裟をはおったまま彼らがお茶屋などへでかけることもある。そして、京都の店には、僧服姿の客を見てもあわてないだけの心がまえが、できている。京都の僧侶たちは、とにもかくにも、夜の店を僧形になれさせてきた。強調しておきたいのは、そこまでである。誤解のないよう、のべそえる。

さすがの京都でも、姫と坊主のむれあう光景に、そうたびたび出会えるわけではない。観光で京都をおとずれた時に見かければ、運がよかったのだと思ってほしいものである。あるいは、おもしろい構図と遭遇することができ、めずらしいみやげ話ができたのだ、と。いずれは私もお世話になるだろうお坊さんになりかわり、おねがいしておくしだいである。

ミニスカートにそそられる

花街は、伝統的な日本文化のいきづくところである。日本舞踊と邦楽が、そこではたもたれている。着物と日本髪だって、まあ芸子は鬘《かつら》にしている場合が多いけれども、温存されてきた。数寄屋の家屋も、健在である。伝統文化の保存地区に、事実上そこはなっていると言ってもよい。

しかし、公的な文化財行政が、花街をおおっぴらにささえることはないだろう。花柳界がのこした日本文化を研究するためには、そこであそばなければいけない。そう私がいきごんで、研究費の交付をねがっても、こたえてくれる助成組織はないだろう。芸子あそびの花代などだせるわけがないと、はねつけられるにきまっている。

花柳の巷に、公的な資金援助はのぞめない。そして、どの都市でも花街はさびれている。日本舞踊や日本髪が生活のなかからきえていくにしたがい、かえりみられなくなった。京都など、一部の例外的な街をのぞいては。

さて、伝統的な日本文化を今日につたえるところは、花街だけにかぎらない。寺院も、その役割をはたす機関のひとつに、あげられる。

じっさい、寺の多くは日本建築の伝統にのっとりつつ、たてかえられてきた。宮大工の腕は、今でも寺院建築においてこそ、もっとも発揮されることになる。左官職人にとっても、その点はかわらない。本格的な日本庭園を維持しつづけてきたのも、ほかならぬ寺である。

僧侶が身につける僧服も、和服の伝統とともにある。経文や声明《しょうみょう》も、千年以上の歴史をこえ、生きのびてきた。鐘や木魚も、起源をたどれば、そうとう古い時代にさかのぼる。剃髪の習俗も、まあこだわらなくなった宗派は多いが、昔からつづけられてきた。

そして、京都には今のべたような伝統を生きる本山名刹《めいさつ》が、たくさんある。そんな寺院でくらす僧侶だからこそ、古くからの花街に気持ちをよせるのではないか。同じように、歴史と伝統をあゆんでいる。そこでひびきあうものがあるから、袈裟姿で着物の芸子に近づいていくのかもしれない。

いずれにせよ、僧侶があそばなくなれば、京都の花街はついえさる。「わしらでもっているようなもんや」という一僧侶の放言も、あなどれない。公的な文化財保護機関はかかわれない花柳界の日本文化が、寺の力でささえられている。その点では、花街に出没する僧侶のことも、見なおされなければならない……。

あるお茶屋のお女将《かみ》に、私はそう語ったことがある。酔ったいきおいで、花街の裏面にもつうじているかのような物言いを、ふりまいた。聞いてくれたお女将は、そういうところもなくはないと言う。私の揚言をいくらかはみとめつつ、しかしこう反論をかえすこともわすれなかった。

「今、言わはったようなことは、もう話として古おすえ。このごろのお坊さんは、おべべの芸子や舞子はしんきくさいゆうて、あんまりきはらへん。ミニスカートのキャバクラのほうが、ずっと気持ちもはずむて、ゆうたはりますえ」

そういえば、私もじかに見たことがある。こぢんまりとした料理屋で、僧服の若い坊主とキャバ嬢がむきあっている光景を。あれはすこし早めの夕食であった。おそらく、彼女がつとめる店へ、同伴出勤をする前のデートでもあったのだろう。

そんな二人を見かけたことがあるので、私はお女将の言葉にあらがえなかった。どうやら、僧侶の世界においても、価値観の西洋化はすすんでいるらしい。芸子の着物より、キャバ嬢のミニスカートをよろこぶ時代に、なりつつあるという。

寺をあずかる僧侶は、娘をミッション系の学校へ入れたがるという話も、よく聞く。あとつぎの息子については、僧侶の資格がとれる仏教系の学校へ、おくりこもうとする。だが、娘には、お嬢様としての値打ちも高まるキリスト教の学校を、すすめやすいという。そんな寺家の教育方針も、どこかでは僧侶のスカート好きとつうじあうのかもしれない。

こういう時代に、芸舞子のおりなす花柳文化は、誰がささえるのだろう。さいわいにと言うべきか、京都をおとずれる外国人観光客の数は、ずいぶんふえている。京都にエキゾチックジャパンをもとめる人々は、ここ数年で急増した。ひょっとしたら、花街の未来は、彼らがになうことになるのかもしれない。

男をわすれた僧侶たち

比叡山に籍をおくKという僧侶が、関西ではよく知られている。在阪テレビのワイドショーにしばしば顔をだし、世相や社会を語ってきた。このごろは、あまり画面で見かけない。しかし、中年以上の関西人には、ああ彼のことだなと、了解してもらえるはずである。

あれは、二〇世紀末のことか、それとも二一世紀初頭にはいっていたころか。正確な時期はわからない。また、どの局のなんという番組だったのかも、もうわすれた。しかし、そのKがテレビで、ちょっとした舌禍をおこしたことは、鮮明におぼえている。

たしか、Kが視聴者からの人生相談にこたえるコーナーだったと思う。好きになった男はゲイだった、自分はこれからどうしたらいいのか。以上のような一女性からの問いかけに、Kは怒気もあらわにしつつ、こうこたえた。

そんな男は、相手にするな。男は女を愛し、女は男を愛する。これが、自然な人のあり方だ。男が男を愛するのは、その道からはずれている。そういう男は、ほうっておけ、というように。

この応答は、あからさまに同性愛者のことを、さげすんでいる。その言いっぷりは人権侵害にあたると、少なからぬ視聴者が疑問をなげかけた。テレビ局の対応ぶりはおぼえていないが、物議をかもしたことはまちがいない。

その後は、Kをテレビで見ることが、いちじるしくへったと思う。いや、あれ以後は、いっさい画面にでなくなったような気もする。いずれにせよ、同性愛嫌悪《けんお》（ホモフォビア）というしかないあの発言が、Kにはつまずきの石となった。私は事態の推移を、以上のようにとらえている。

同性愛と、それがらみののぞましい公論のあり方を、ここではほりさげない。重大な問題だと思うが、京都を論じるこの本では、さけておく。

だが、Kの発言がはらむ歴史認識のほうは、見すごせない。ここでも、正面からとりあげる。

男が男を愛するのは、不自然で人の道にはずれている。そう比叡山の僧侶であるKは、テレビで言いきった。

だが、すこし歴史をさかのぼってみてほしい。比叡山には、男でありながら男を愛した僧が、おおぜいいた。天台座主《ざす》を擁した比叡山は、男色の総本山とでもいうべき場所である。多数の学僧、名僧たちが、稚児愛をくりひろげてきたアカデミアに、ほかならない。

当代最高の知性と評された男たちも、男どうしで愛しあってきた。その比叡山がくりひろげてきた歴史を、Kはどう思っているのだろう。天台宗の先人たちを、道からはずれた外道《げどう》だと、本気できりすてるつもりなのか。

おそらく、そういうことではあるまい。K、およびKをとりまく僧侶の世界では、稚児愛の歴史がわすれさられているのだろう。知識としてはとどめていても、もう実感がともなわないようになってきたのではないか。

「祇園も先斗町も、わしらでもっている」と公言してはばからない僧侶が、むれつどう。そんな環境も、またあの発言をうながしたような気がする。

日本の僧侶たちが、いつどのように稚児愛をすて、女色にふけりだしたのか。その歴史総体をあきらかにする準備が、今の私にはない。だが、とにかく現代は、僧侶たちさえ女色をあたりまえだとする時代に、なっている。「男は女を愛するもの」。そう大衆へむかって断言する僧侶さえあらわれる時代を、むかえているのである。

東南アジアの仏教国では、日本の仏僧がたいてい結婚してしまうことを、いぶかしがる。「日本の僧侶は、なぜ妻帯をするのか」。そんな研究テーマをひっさげて、日本へやってきた研究者とも、出会ったことがある。

京都で芸子あそびが好きな坊主を見てきた私は、こういう人に出会うと、ややたじろぐ。結婚ぐらいで、おどろいてはだめだ。俗人のあつまるホステスクラブで、袈裟をはおったままはしゃぐ坊主も、見てほしい。世間の目を気にせず、僧服でキャバ嬢とのデートにおよぶ坊主だって、一見の価値はある。そうも言いたくなるが、やはり口はつぐんでしまう。

私のどこかに、外国人の前で彼らの生態をはずかしがるところが、あるからだろう。とりわけ、遠方からきた仏教留学僧にたいしては、負い目を感じる度合いが強くなる。あこがれの京都で出会った生臭坊主たちを、外国人留学僧はどううけとめるのか。私があやまる筋合の話ではないが、そのことを思うと、申しわけなく感じてしまう。

しかし、そこはもうひらきなおったほうが、いいのかもしれない。日本は、高い水準で、聖職者集団の世俗化を達成させた。超越的な信仰から解放される近代化の度合いでは、京都の僧侶がいちばんすすんでいる。欧米のそれをも、はるかに凌駕する。やけくそぎみではあるが、そこをほこらしく自慢する手はある。

周知のように、イスラム世界では、いちずな宗教心がテロリズムをもたらしている。くらべれば、僧服で芸子とたわむれあえる京都の聖職者に、希望がもてなくもない。ああいうふうに、あそびほうけているあいだは、信仰がこわばることもないだろう。聖なる戦争へむかっていく、高邁《こうまい》な心のたかぶりも、みょうな言い方だが、おこるまい。

姫と坊主がなかよくいならぶ京都の光景に、いきどおるむきはいるだろう。しかし、それは信心ゆえのいさかいを、未然にふせぐヒントもしめしている。平和の目印として、国際社会へ大きくうったえかけてはどうか。

千日回峰行《せんにちかいほうぎょう》の偉業ばかりを、ありがたがってつたえずに。

ちなみに、世間ではうやまわれる回峰行も、比叡山ではそれほど重んじられていない。立派だと思われてはいるが、ある種体育会系的な業績としても、位置づけられている。大学という組織のなかで、野球や駅伝の活躍がはなつかがやきと、同じようなそれとして。じっさい、回峰行での達成も、天台世界での栄達にはほとんどつながらないのである。

女色に食傷する、その日まで

京都には、仏教へいどむ学徒が、おおぜいいる。僧籍をもった研究者が、彼らのなかでは比較的多いが、もたない者もいなくはない。

そして、特定宗派に属する人は、自派への身びいきを強める傾向がある。俗人の立場で物事をしらべる学者のほうが、公平な目で各宗派を見くらべやすい。

そういう世俗的な立場の学者は、しばしば現実の教団を否定的に論じることもある。自分たちがあきらかにしようとしているのは、仏教の考え方であり理念のほうである。寺をじっさいにきりもりしている僧侶たちの内面なんかは、どうでもいいのだ、と。

彼らの胸に巣食うさまざまな思惑の大半は、仏教に根ざさない。ああいう人たちのふるまいから、仏教をとやかく言われるのは、たいへんこまる。寺や僧侶の多くをうごかしているのは、仏教なんかじゃあない。すくなくとも、自分たちの考える仏教とはまったくちがう、別の何かである。

宗派とかかわりをもたない研究者たちは、そこまで言いきってしまうこともある。そして、これだけ思いきった物言いは、宗派内の研究者から、なかなか聞こえてこない。やはり、僧籍からははなれていたほうが、事態をひややかに見られるということか。

しかし、そこまで批判的に語られると、生臭坊主のためにも、言いかえしたくなる。彼らも、彼らなりに、仏教を生きているんじゃあないか。そんな理屈のひとつも、ひねりだしたくなってくる。毎週合コンへいく僧侶も、神戸に愛人をかこう僧侶も、仏の道をめざしているのだ、と。

周知のように、仏教の開祖であるシャカは、釈迦国の王子であった。もちろん、早くから妻帯をしていたし、後宮だってあてがわれている。外へでられぬ雨期の何カ月かは、そこへあつめられた女たちに、いやおうなくかこまれた。

夜の相手をする女は、よりどりみどりという状態である。のみならず、王子の子種をほしがる女たちから、いどみかかられることもあったろう。

そんな王子としての境遇に、シャカはうんざりした。もう、女はこりごりだと、思うようになっていく。その想いがつのり、国をすて、瞑想にふけることもできる荒野へとびだした。出家へとふみきったのである。

仏教には、女をいやがる感性が、どうしようもなくいきづいている。今日の仏教界は、そこをとりつくろいたがるが、どうだろう。仏教は、本質的に女をはねつける男の宗教だと、私は考える。すくなくとも、そういう一面のあることは、いなめまい。そして、その女ぎらいは、けっきょくシャカのハーレム体験に、根ざしていないだろうか。

だとすれば、こんな理屈も、そこからはみちびきうる。

シャカの想いを理解するためには、いやというほど女をあじわわなければいけない。女をうんざりするぐらい体験してはじめて、ほんとうの出家者となりうる。あまり女を知らない男に、シャカの絶望はわからない。すこしでも教祖へ近づくために、自分もハーレムめいたところへとびこむ必要がある。

京都の僧侶たちは花街へ出没する。ホステスクラブやキャバクラへ、でかけていく。いずれは、女という女に辟易《へきえき》することができる日のくることを、ねがいつつ。

だが、ざんねんながら、自分は女色をすてることができない。どうしても、小豆ちゃんには未練を感じてしまう。アケミの笑顔には、いやされる。ああ、だめだ。まだ、女にあきがくるほど、堪能しつくすことが、自分にはできていない。シャカの境地は、まだまだ遠いところにある。もっと、いろいろな店へかよって、女あそびをかさねなければならない。

もし、京都の僧侶たちが、こんな想いにかきたてられ、夜の街をであるいているのなら。その場合は、いくらかなりとも、仏教的な心意気があるのだということになる。

しかし、まあそれはありえないだろう。彼らは、ただ俗情におぼれて、お茶屋やホステスクラブをさまよっているのだと思う。女ぎらいにいたったシャカの軌跡を、私から聞かされたある僧侶は、こう言いはなった。

「そら、ええ話やな。わしらも、おシャカさんのたどった途を、おいかけとることになるやないか。夜あそびも、修行のひとつやちゅうこっちゃな」

シャカにあやかろうとする志を、彼らがいだいているわけではない。これは、仏教学者たちの批判に接した私が、むりやりひねりだした屁理屈である。こうでも言わなければ、夜あそびの坊主は、ただの俗人になってしまうと考えて。

話はとぶが、京都にはまだ古書店が、のこっている。しかし、ざんねんながら、その品ぞろえは、とうてい東京にかなわない。神田の神保町あたりを歩くたびに、京都の古本屋はたちうちできないなと思う。

ただ、仏教書にかぎれば、京都の業者はじゅうぶん東京ともはりあえる。京都は、各宗派の本山があつまる仏都である。この側面に関しては、首都機能をたもってきた。おかげで、仏教に関する知的な集積の度合いも、たいそう高くなっている。京都で学問をするなら、仏教学をえらべばよかったと、私だって思わないでもない。

京都の仏教学者は、宗派に属さぬ者もふくめ、大なり小なりその恩恵をうけている。京都の寺院勢力がととのえた知的環境にたよって、研究をすすめているところもある。あなたたちだって、生臭坊主を見下しきれない立場に、いるんじゃあないか。

シャカの後宮に光をあてた屁理屈は、そんな想いからも、でっちあげられている。

檜舞台の舞子たち

京都には、仏教各派の「本山」がおかれている。寺院勢力のなかでは、この街に首都的な役割が期待されることとなる。

さきほどは、そう書いた。しかし、京都が都としての立場をたもっているのは、仏教界だけにかぎらない。花柳界でも、京都は中心的な位置にいる。とりわけ、首都東京の花街がさびれだしてからは、その傾向も強くなったと思う。

この章をはじめる書きだしのところでもふれたが、京都では芸舞子の姿を、よく見かける。花街の近くで、往来をとおりすぎる彼女らにでくわす機会は、少なくない。その頻度は、ほかの街よりずっと高かろう。

私じしん、京都は芸舞子、とりわけ舞子のかがやく街だなと、何度も感じたことがある。なかでも、いわゆるバブルの絶頂期に目撃したある光景は、わすれがたい。

一九八〇年代のバブル期を、ふりかえる。そんなテレビの企画に、よくディスコのお立《たち》台《だい》でくりひろげられた映像が、つかわれる。首都のジュリアナ東京でうつされたそれなどは、くりかえし放映されてきた。

踊り場の中央、周囲から見わたせるところに、小高いステージのお立台がもうけられる。そこには、自分の外見に自信のある女たちがかけのぼり、踊りくるう。下からのぞかれることもいとわず、ミニスカートと、肌の露出がきわだついでたちで。孔雀《くじゃく》の羽にも似た大きな扇子を、かざしながら。

自分こそが、場の視線をくぎづけにするクイーンである。そう思いこみまいあがった女たちに、ディスコは特等席ならぬ特別の舞台を、あてがった。いや、それだけでなく、世間もそんな光景をおもしろがり、もてはやしたのである。

バブル期をじかには知らない若い人たちも、その映像には見おぼえがあるだろう。あのお立台へあがれる女たちが、おおぜいあらわれた。そんな光景に、当時の私は時代のいきおいを感じたものである。

あそこへのぼれるのは、自分の容姿、とりわけスタイルに自信があるからだろう。そして、ジュリアナ東京の光景は、そんな女たちがふえてきたことを、うつしだしている。これも、御時勢なんだろうなと思ったことを、おぼえている。

事情通からは、また別の裏話も聞かされた。お立台の女の子は、あらかじめディスコのほうでしこんでいるらしい。モデルなんかが、声をかけられ、あがっているケースも多いという。そんな情報も、とびかっていたことを想いだす。

それらを、私は半信半疑の思いで、聞いている。しろうとの一般女子も、自分の外見が見せつけられる舞台を、ほしがるようになってきた。そんな時代のうねりをうけいれたくないむきが、こういう噂をながすのだろう。彼女らはセミプロだと思うことで安心できる人が、まだ多いのだと、私はうけとめた。

もちろん、真相はわからない。ディスコのほうで、あるていどの下ごしらえは、していた可能性もあるだろう。だが、自らの意志で、そこへとびこんだ女性のいただろうことも、否定はしきれまい。まあ、お立台へのぼることを、店の従業員にとめられた人も、いたような気はするが。

お立台のクイーンたちは、自然にできたのか、それとも作為のたまものか。そんな問答で、ひところの私は考えをめぐらせていた。

だが、そんなことはどうでもいいのだと思わせてくれる光景に、私は京都で出会っている。祇園にあった、マハラジャという名のディスコで。

はずかしい話だが、当時は私も人なみにバブル景気であおられた。評判のディスコにも、足をはこんでいる。ジュリアナ風のクイーンが、京都のお立台でもおがめるかもしれないと、期待して。

そこで、私は見たのである。入店してきた舞子たちのために、むらがる客が途をひろげ、お立台へいざなう光景を。

舞子がくるまで、お立台を占拠していた女王気分の女性たちも、そこからしりぞいた。マハラジャの特別ステージは、以後舞子たちの踊りをうかがう舞台に、なったのである。もちろん、舞子たちもそこでは、ふだんの地唄舞《じうたまい》からときはなたれる。若い娘らしく、当時のヒット曲にあわせ、体をくねらせた。白塗りと日本髪のあのかっこうで。

それまでのお立台には、われこそはとうぬぼれる女性もいただろう。店の黒服あたりからさそわれたモデルだって、いたかもしれない。しかし、彼女らも、客と同じように舞子たちへ、えらばれし者の舞台をゆずっている。自然なお立台嬢か、作為がたたせていたお立台嬢であるかに、かかわらず。

ここまで書いてきて、今さらのべづらいが、私の記憶にはあやふやなところもある。マハラジャのお立台についてだが、知人のひとりは、こんなふうにも言っていた。あの店に、下から見あげられるような舞台はなかったんじゃあないか、と。

いや、ぜったいにあったと言いきれる自信は、私にない。ジュリアナ東京の映像を、四半世紀にもわたり、見せつけられてきた。そのおかげで、私の想い出は、増幅させられている可能性がある。マハラジャの踊り場を、ジュリアナ風に、頭のなかでつくりかえてしまったかもしれない。

ただ、女王然とした女子たちのむらがる場は、たしかにできていた。特権的なオーラのただよう空間は、まちがいなくもうけられている。お立台と言えるほど、その場は高くなっていなかったかもしれないが。

そして、そのえらばれたエリアは、後からはいってきた舞子らを、ただちにうけいれた。彼女らが来場するまで、その場をしきっていた女たちは、後退させられている。女王の交替劇めいたその展開については、私も自分の記憶に自信がある。

やはり、京都では舞子がクイーンなのかと、私は思い知らされた。おそらく、京都以外の街では、おこりえない出来事であろう。四半世紀以上も前の話だが、あえてここへ書きつける。

おそらく、マハラジャが祇園にあったから、舞子も優遇されたのだろう。花街とマハラジャのあいだにも、なんらかの接点があったのかもしれないと、今は考える。だが、バブルをディスコであじわいたい人たちは、あのころみんなあの店へあつまった。その意味では、やはり舞子が京都のクイーンだったのだと思う。

僧服姿の僧侶を、私はそのディスコで見かけたことがない。現代的にすぎる、ああいう店へは、袈裟での入店をためらったのか。あるいは、門番の黒服にはばまれたのか。そのどちらなのかは、不明である。

また、坊主の姿も見かけたことがあると、往時をふりかえる者も、なかにはいる。私にはなんとも言えないことなので、ディスコの坊主については、口をとじておく。

三　仏教のある側面

モンローカーブの壁面をもつ京都
コンサートホール（京都市左京区）

北山の大伽藍

京都は、古い街であり、また古くあることが、期待される街である。歴史と伝統に生きているという構図が、観光客からはもとめられてきた。

しかし、そんな京都にも、新しさのかがやきをしめすところが、ないわけではない。たとえば、植物園の北側、北山《きたやま》通りぞいの界隈が、その例にあげられる。じっさい、ここには尖端性を売りものとする店が、けっこうならんでいる。安藤忠雄氏や磯崎新氏をはじめとする有名建築家の作品も、軒をつらねるようになってきた。

このあたりがそういうエリアとなった背景には、京都の戦後史もひそんでいる。敗戦後の京都を管理した占領軍には、植物園の敷地が住区としてあたえられた。一九四五年以後、同園には連合軍側の宿舎が、たちならぶこととなる。東京で言えば、渋谷のワシントンハイツにあたる一帯となった。

そこでくらす占領軍の人々をあてこんだ店も、北山通りにはあらわれだす。当時の日本人には手のでにくい洋風のぜいたくな商品も、売られるようになった。そんな戦後史が、ここをこじゃれた今風の街区に、そだてたのだろう。

もちろん、今の植物園に占領軍のすまいは、のこっていない。それらはみな、とりはらわれた。若い人たちが、ここで占領期の歴史へ想いをはせることも、少なかろう。

そんな北山界隈の一角に、りっぱなコンサートホールが、たっている。一九九五年に、コンペを勝ちぬいた磯崎新氏の設計で、この施設は出現した。

西側の立面をながめると、わざと壁面をゆがめたところが目にはいる。磯崎氏は自作の壁を、しばしばマリリン・モンローのボディラインにあわせ、まげてきた。よく知られたヌード画像、カレンダーのモデルとなったそれを、下地にした曲線である。このホールでも、そのモンローカーブが、壁面にとりいれられている。

そして、ホールの立地は、植物園、つまり旧占領軍居住区と、となりあう。モンローのピンナップをながめるアメリカ人も、のこっていただろう地区に、隣接する。そんな敷地に、モンローカーブをもつ磯崎氏のホールは、あらわれた。占領軍などいなくなってから、数十年の時をへて。

このささやかなつながりを、私はホールができた時から、おもしろいと感じてきた。建築案内のおりがあれば、とりあげたい物件のひとつとしても、脳裏にとどめている。

そして、じっさいにそういう機会は、やってきた。私は東京のさる有名な雑誌から、京都にたつ近現代建築の、案内役をたのまれている。これをうけた私は、北山のホールを有力な被写体の候補にあげた。さいわい、私の語るモンローをつうじた因縁話は、そこそこおもしろがられることになる。ホールはとりあげるべき建築のひとつに、えらばれた。

夏のあつい日に、私は担当編集者やカメラマンと、ホールの前でおちあっている。しばらく、そこで言葉をかわしあったあと、まず編集者が館内へはいっていった。はじめに、ホールの管理者から、写真撮影と雑誌掲載の許諾をとりつけるためである。まさか、ことわられることはないだろうと、高をくくりながら。

じじつ、先方もさすがにこれをはねつけてはいない。だが、条件をつけてきた。雑誌への写真掲載はみとめるが、三万円をはらえと、折衝役の編集者はいわれたのである。

あとで、その三万円をはらったと編集者から聞かされ、私は目をむいた。

建築に、いわゆる肖像権はないし、意匠権もない。テレビのニュースは、事件報道にさいし、かかわりのある建物の姿を、よくうつしだす。事件につながる人々をオンエアしてしまえば、肖像権の侵害でとがめられる可能性がある。だが、建築にはそういう権利がないので、いくら放映してもかまわない。ニュース番組が、警察署や役所の建物をながながと画面へおしだすのは、そのためである。

その建築が、このホールも建築だが、どういう名目でか、三万円をよこせと言う。そんなのははらわなくてもいいはずだと、私は編集者へ反射的につげている。彼も、こんな要求をされたのははじめてだと、忿懣《ふんまん》を私たちにぶつけてくる。だが、自分たちの雑誌で、取材対象ともめごとをおこすことは、ゆるされない。くやしいが、先方の求めにしたがったとのことだった。

屋内をうつすのなら、肖像権や意匠権とはちがう権利も、発生しうる。家宅侵入と言えばおおげさだが、そういう方向での問題はおこりえよう。お金で解決をしたほうがいい事態も、あるかと思う。

しかし、それにしても、コンサートホールは行政の施設、公共建築である。公共の福祉につくさねばならない建物ではないか。私は今でも、ホール側の請求に、いきどおりをおぼえている。まあ、ホールの担当者も、上から増収をせかされ、四苦八苦していたのかもしれないが。

ただ、ホールがふっかけてきた三万円という金額には、にがわらいもさせられた。しはらうことの良し悪しとはべつに、京都らしさも感じている。

京都には、本や雑誌で庭の写真などが紹介される寺も、たくさんある。そして、その撮影へおよぶさいには、出版社が寸志をつつむならわしも、できている。噂で耳にするその額も、一点につき三万円ほどだという。もっと値をつりあげる寺もあると聞くが、おおむねそのあたりにおちつくらしい。

ひょっとしたら、北山の公共建築も、これにあやかったのではないか。寺がやっているんだから、うちだって寺なみに、そのぐらいはとってもいいんだ、と。

もし、そうであるなら、一見モダンな北山界隈も、伝統的な寺院とつうじあうことになる。磯崎新氏の尖鋭的な作品が、京都を代表する大伽藍《がらん》のようにも思えてくる。

とはいえ、こういう公共建築がお布施や志納金を要求するのは、筋がとおらない。いったい、何を口実にして、それだけの額をふっかけてきたのかは、不可解である。

ホールへの三万円を、どんな名目ではらったのかは、おしえてもらえなかった。雑誌の側にも、いろいろ大人の事情はあったのだろう。私もその誌名は、書かないことにする。気になる読者は、井上が北山のホールであれこれ言っている雑誌を、さがしてみてほしい。

写真とイラスト

京都には、観光客でにぎわう寺が、たくさんある。それらの見所をしめす本も、数多く出版されている。旅情をそそる雑誌なども、しばしば京都特集をくみ、寺の紹介をくりかえしてきた。

そういう出版物では、たいてい美しい庭園の様子などが、写真でしめされる。目をたのしませる編集、グラビアを中心にすえたページづくりが、ふつうになっている。

その写真掲載にかかる経費が、じつはあなどれない。さきほども書いたとおり、一点につき三万円ほどを寺へおさめるしきたりが、できている。

もちろん、現代建築の場合と同じで、寺の建物や庭などにも、肖像権や意匠権はない。ほんらいなら、出版社側がそういうものをしはらう義務は、ないはずである。金はいっさいださずに、雑誌などへ写真をのせても、法的にはとがめられないだろう。法廷闘争という話になっても、寺が勝つとは思えない。

にもかかわらず、たいていの出版社は、寺への納金というならわしに、したがっている。これにそむいたという出版社の話は、聞いたことがない。たぶん、どこも寺の言いなりになっているのだと思う。

じっさい、この件で寺と法的にあらそい、勝ったとしても、意味がない。寺側は、そういう出版社の出入りを、ゆるさなくなるだろう。庭や建物のみならず、仏像の撮影もみとめなくなるにちがいない。そうなってしまえば、今後はグラビアページが、つくれなくなる。出版社側にしてみれば、勝ってもむなしい訴訟であるとしか、言いようがない。

寺への納金は、みな宗教的な寄付行為だということになっている。仏をうやまう出版社が、お布施をさしだすというかっこうで、とりあつかわれてきた。

私の知る編集者たちは、たいていこれを志納金とよんでいる。志をおさめるための出費だということに、いちおうなっているためである。しかし、しはらう側の出版社や編集者に、仏の前で頭《こうべ》をたれる信仰心は、うかがえない。金一封をつつんで寺へてわたす担当者は、私の知るかぎりたいていぶつくさ言っていた。

「何がお布施だ。どこが志納金なんだ。どう考えても、ただの商取引じゃあないか」

志納金ならば、志の大きさにより、おさめる金額はちがってくるはずである。賽銭の額が、そなえる側の腹づもりできまるのと、その点はかわるまい。ほぼ定額になっている写真撮影がらみのかかりを、お布施とはみとめづらかろう。編集者たちの陰口も、理にかなっていると、私は思う。

しかし、寺の側にも、寺なりの言いぶんはあるだろう。志納金に、定価はない。自分たちは、目安をしめしているだけである。なんなら、もっとたくさんおさめてくれてもかまわないと、言いかえされそうな気はする。まあ、出版社側のはらいがその目安より安い場合は、相手にされないだろうけど。

さきほどから、何度となく三万円という数字をあげてきた。寺の多くは、そのあたりをおとしどころとして、たがいにしめしあわせているという。

ただ、カルテルめいたきまりごとには、なっていないようである。寺とのつきあい方いかんによっては、値段をさげてもらえる場合も、あると聞く。そのいっぽうで、観光客に人気のある寺は、さらに高い金額を提示したりもするらしい。

「金銀苔石《きんぎんこけいし》」という言葉を、私はしばしば耳にする。写真の掲載にさいし、いちばんコストのかかる人気四大寺（金閣寺・銀閣寺・西芳寺・龍安寺）を総称する言いまわしである。このクラスになれば、一枚の写真利用が二〇万円以上になることもあると、噂されている。もちろん、私にその真偽を見きわめる力はない。四大寺の評判は、無責任にふくらまされている可能性もある。志納金の具体的な額について、これ以上ほじくりかえすのは、ひかえたい。

ただ、四大寺のあつかいが、ほかより高くつくことじたいは、まちがいないだろう。いくつかの本が、庭園案内の本に多いが、そのことをあかしだてている。有名な寺の写真掲載には金がかかるんだなと、いやおうなく教えてくれる本がある。

庭園を案内する本なのに、有名な寺の庭を紹介するところだけ、写真がない。たいていの庭を写真でしめしながら「金銀」級の庭だけは、イラストであしらっている。そういう本を見るたびに、私はあわれをもよおしてきた。

――ああ、「金銀」の言い値が、この出版社にははらえへんかったんや。経費はおさえなあかんし、苦肉の策でイラストにしてしもたんやろな。写真がらみの出費がイラストレーターへの謝金より、高《たこ》うつく寺もあるということや……。

四大寺あたりへの志納金は、噂のとおり高いのだろうと、私が想像するゆえんである。

ただ、名の知れた東京の出版社が、イラストでにげることは、あまりないだろう。こういう安あがりの工夫にふみきるところは、地元の出版社に多いような気がする。首都の大きなメディアは、くらべれば金ばなれがいいのだろう。

そして、そうおしはかれるだけに、つぎのような世評も、さもありなんと感じてしまう。

写真掲載にかかるコストの件では、京都の観光寺院だけをせめても、しようがない。寺を増長させた責任の一端は、東京のメディアにもある。彼らは、寺とのかけひきに、あまり知恵をしぼらない。めんどうな交渉ごとをいやがり、寺が期待するだけの志納金を、とりあえずはらってしまう。言ってみれば、金でけりをつけてきた。有名寺院を、つけあがらせたのは東京だ……。

京都人が鼻を高くするのは、首都のメディアが、彼らをおだててきたせいでもある。京都を美辞麗句でかざりつづけたことも、洛中でくらす人々をえらそうにさせている。おかげで、洛外そだちの私などは、めいわくをこうむってきたと、はじめに書いた。

このからくりは、どうやら観光寺院の増長ぶりにも、あてはまるようである。

ライトアップで、カップルは

くりかえすが、出版社が寺へつつんでわたすのは、浄財だとされている。宗教心のあらわれとして、位置づけられてきた。そして、信仰にもとづく金銭である以上、課税の対象からははずされる。それがらみの収入は、まるごと寺へおさまり、そこには税務当局も手がだせない。

同じことは、いわゆる拝観料の収入についても、あてはまる。これも、いちおう参拝客からの寸志、つまりは宗教的な献金だとされてきた。税務署が介入できない、神聖な金銭として、みとめられている。

いわゆる観光寺院は、これで台所がうるおうようになる。寺の経済にしめる比重は、写真掲載の許諾をめぐる利鞘《りざや》、いや志納金をはるかに上まわる。そのおおきな収入が、非課税だとされているのである。

寺を見にくる来観者に、拝観料のことを宗教的な出費だと思っている者は、まずいない。

だいいち、入口の料金所には、大人何円、学生何円などと、書いてある。しはらうべき金額が、寺から一方的にきめられているこの経費を、お布施だとは思えまい。テーマパークへはいる時の入場料めいた支出として、うけとめられているはずである。

いや、それどころではない。テーマパークなどより、よほどあつかましいとりたてに、ふみきっている寺もある。名前はひかえるが、夜間のライトアップで観光客をあつめる寺に、私はそれを感じる。

もう、何年前になるだろう。紅葉でにぎわう東山あたりの観光寺院へ、私もでむいたことがある。ライトアップがかなえてくれる夜の紅葉狩をたのしみにしながら、その寺をおとずれた。

まだ暗くなる前の訪問ではあったが、私は料金所であぜんとさせられることになる。なんと、そこには昼間の拝観料と夜間のそれが、べつべつにしるされていた。

昼の入場券で中へはいり、そのままとどまってライトアップをまつことは、ゆるされない。夜の企画もたのしみたいむきは、いったん外へでることをしいられる。そして、もういちど、夜間用の入場券を買わなければならないというのである。あらかじめ夜間券を買っていた者も、なかでライトアップをまつことは、禁じられている。

夕刻前の昼間料金で境内へはいった私は、場内アナウンスでつげられた。ライトアップの準備をするから、入山者たちは、とりあえず外でまっていろ。用意がととのえば、またはいれるから、それまではこの場からたちさってほしい、と。

いわゆる完全入替制である。ディズニーランドでも、ここまであこぎな商売はしていない。えげつない営業だなと、私はあきれはてている。

こんな料金設定でも、拝観料であり、つまりは非課税のお布施として処理されてしまう。一般納税者の私には、とうてい納得しきれない。このあからさまな集金システムを、なぜ税務当局は、だまって見すごすのか。場内アナウンスを耳にして、そういきどおってしまったことを、おぼえている。

くだんの寺につとめる某僧侶と、後日出会ったおりに、私は問いただそうとした。夜間ライトアップの料金は、あんまりじゃあないか、と。

だが、ライトアップと聞いて、この僧は思いがけない応答ぶりを、しめすことになる。自分たちの料金設定ではなく、拝観者のマナーをとがめる言葉が、かえってきた。

「私らも、あれにはかなわんなと思てるんですわ。光が上のほうをてらしますやろ。それで、下のほうには、けっこうくらい木陰ができるんです。そこでね、よう男と女がいちゃつきよるんですよ。ほんま、けったくそ悪いわ。けったろかと思いますよ」

夜間料金をめぐる私の問いかけは、じゅうぶんにとどかなかったようである。それはさておきというかっこうでいなされ、カップルのふるまいに、話はおよんでいった。

木陰の男女は、しばしば愛撫にもいたるのだろうか。それはそれで話としておもしろくもあり、私は自分の質問を、ひっこめた。どんなことを、男女はしでかすのかと、こちらも興味本位にたずねかえしている。

木陰の男女に気がとられる僧侶は、まだ俗気がぬけていないと思われようか。しかし、京都の好色僧を見なれている私は、そこをあらためてとがめる気になれない。なんといっても、完全入替制にふみきれる寺の住職である。そのぐらいの生臭ぶりは、あってあたりまえだと、思っている。

やはり京都にすむ宗教学者の山折哲雄氏から、おもしろい逸話を聞かされたことがある。路上で托鉢の行をつづける僧についての、こぼれ話である。

ほどこしの銭をもらうために僧が用意した器へ、ある日山折氏は一万円札を入れたという。ふだんの施行ではまず見かけないその紙幣に、僧は一瞬息をのむ。思わず、喜捨へおよんだ氏の顔を、のぞきこむようになったらしい。

このうろたえように、氏は胸のうちでつぶやく。万札の一枚で心がゆれるようじゃあ、まだまだ修行はたらないな、と。路上の僧にもおよぶ京都仏教界の俗臭を、氏なりにおもしろがっているのだろうか。

一万円の布施で、托鉢僧の出来不出来を見てとり興じる心のゆとりは、私にない。なんともぜいたくな娯楽だなと、うらやましく思う。いちどは、やってみたいものである。

じっさい、坊主の俗世にまみれた様子を、私はどこかで愉快に感じている。山折氏の座興も、たのしそうだなと思う。なんといっても、坊主は笑える話をいっぱいもたらしてくれる。おかげで、こんな本も書けるのだから、感謝の言葉ものべそえたいところである。

「古都税」闘争

寺へ入るための拝観料は、宗教的な寄進にあたるから、税金がかからない。この現実に私はなじめないと書いたが、同じ想いをいだかれる読者も、多かろう。料金表をしめしてあつめた上がりなど、宗教的な醵金《きょきん》であるはずがない、と。

京都市の財務当局も、潜在的にはそうみなしている。のみならず、拝観料収益への課税、地方税としての徴収にのりだしたこともあった。

最初のそれは、一九五六年に、「文化観光施設税（文観税）」としてもうけられている。その前ごろから、拝観料をとる寺がふえていたので、当局もそこに目をつけたのだと思う。

余談だが、岡崎にある京都会館は、この文観税によってたてられた（一九六〇年竣工）。設計をまかされたのは、モダンデザインの先駆者として知られる前川國男である。その前川には、鉄筋コンクリートの建物を京都へなじませる苦労が、あったらしい。建築畑の人たちは、この建物にからめ、よく景観とモダンデザインの葛藤を、語りたがる。

だが、私は、寺への課税でできたという、今はありえない経緯に、より強い興味をいだく。京都会館のことも、文観税のあった時代を今につたえる記念建造物として、ながめてきた。拝観料から税がとれた時代の、その記憶をとどめる歴史的な遺構だと、うけとめている。

前川の意匠的な細工など、その記念性とくらべれば語るにたらないと思うが、どうだろう。

話を文観税にもどす。この税制は、一時的な時限立法として成立した。一九六四年には、以後五年間にわたる事実上の延長が、きめられている。文化保存特別税へと、徴税の名目だけはかえられて。しかし、六年目以後の存続はみとめないという方針も、たしかめあいながら。

一九六四年の延長にさいしては、当時の市長と寺側が、覚書をかわしあったとされている。この税を再延長はしないし、似たような新税を今後はもうけないと、約束したらしい。だが、一九八〇年代にはいり、京都市はふたたび拝観料収入への課税を、もくろみだす。そして、「古都保存協力税（古都税）」の新設へ、一九八五年にはこぎつけた。

だが、京都の有力寺院は、これにしたがわない。拝観料への課税は、信教の自由をみとめる憲法に違反する。拝観料の多くは市外からの来訪者がおさめており、市の徴税は応益の原則にそむく。そんな理屈をふりかざし、抵抗するかまえを見せた。

文観税のような税は、もうもちこまない。二十年ほど前の、そんなとりきめがないがしろにされたことも、寺の反感をあおったろう。

本音では、経理の全容が当局につつぬけとなる事態を、おそれたのだと思う。税務署の査察などが、寺へ入ってくることを、何よりもいやがったにちがいない。

一九八〇年代には、観光客の増加もあって、拝観料収益がそうとう大きくなっていた。おそらく、寺院経済のなかでも、あなどりがたい比重をしめだしていただろう。そこが当局に把握されれば、経営の全体像まで、見すかされてしまうことになりかねない。古都税への強い反発は、そんなおびえにも根ざしていたような気がする。

文観税が導入された二〇世紀中葉には、拝観料収入も、それほどふくらんでいなかった。寺側がこれをしぶしぶみとめたのも、まだその規模がかぎられていたからだろう。拝観料ていどの収入なら、当局にもれても、寺の経済じたいはつきとめきれない。そう高をくくれたから、うけいれたのではないか。

一九五〇、六〇年代の寺は、文観税をはねつけていない。だが、八〇年代の寺は、それと似たような古都税を、何がなんでもしりぞけようとする。

それだけ、八〇年代には拝観料からの収入が、ふくらんでいた。つまりは、京都をおと

古都税でもめ拝観停止にはいった銀閣寺
（1985年12月　京都市左京区）

ずれ、寺を見てまわろうとする観光客が、ふえていたのだと考える。ＪＲ、いや旧国鉄などの宣伝などにも、あおられて。

周知のとおり、古都税が施行された時、京都の有力観光寺院は、拝観停止にふみきった。寺の門をとざし、観光客がはいれないようにしたのである。

もちろん、そんなことをすれば、寺も拝観料をかせげなくなる。しかし、こまるのは寺だけじゃあない。寺へ観光客をはこぶことが、大きな収入源となっている交通機関も、ダメージをうける。旅館業やみやげもの店など、観光によりかかる営業者は、みな経営がくるしくなる。閉門は、彼らをつぎのように、京都市へ泣きつかせるための処置でもあったろう。

「たのむから、お寺さんをおこらさんといてほしい。お寺さんが門をとじてしもたら、われわれは商売がやれんようになる。古都税のことは、ひっこめてもらえへんやろか」

そういう声に、けっきょくは京都市もおされ、拝観料への課税はあきらめるだろう。勝負はそこまでのがまんくらべだという闘争に、寺側はうってでた。一種のストライキで、京都市にたいして、いどみかかったのである。じじつ、海外ではこのいさかいが、テンプルストライキとつたえられもした。

京都市との交渉で、寺側は合計三度の拝観停止を、こころみている。なかでも、一九八六年の夏にはじまった第三次拝観停止は、十カ月ほどつづけられた。

けっきょく、京都市は、観光業者を事実上の人質としたこの作戦に、音をあげている。一九八八年には、古都税を廃止した。仏門にではなく、仏寺の社会的勢力、つまりは軍門に下ったのである。

この古都税をめぐるあらそいは、市民に寺の強さを思い知らせている。お寺さんは、すごい。本気になったら、とんでもない力を発揮する。そんな印象を、あらためてやきつけた。

寺のほうから見れば、この件に関するかぎり、もうこわいものはなくなったことになる。拝観停止という武器があるかぎり、行政は拝観料に手がだせない。

夜間ライトアップへの拝観料も、信仰ゆえのお布施としておしとおす。たとえ、木陰でむつみあうためにやってきた男女の拝観料でも、浄財だと言いくるめる。それだけのずぶとさが、今の寺にはそなわっている。

そして、行政ももう寺とははりあわない。むしろ、寺の知恵にあやかるような集金法をさぐりだしている。北山のコンサートホールが写真の掲載料を要求してきたのも、その一例ではなかろうか。

ついでにのべそえよう。いくつかの寺が、ライトアップをはじめたのは、平安建都千二百年祭（一九九四年）からである。祭典の景気づけに、観光寺院も力をかしたことが、きっかけになっている。

千二百年祭をとりしきる当局からの打診に、寺側がこたえたのだという。行政のあとおしもあって、ことはすすみだしたらしい。寺の世俗的なとりくみに税金をかけようとする志は、封印されたということか。行政も、寺と手をたずさえ、京都の観光収入を上げる方向へ、舵《かじ》をきったようである。

庭園秘話

話は、四百数十年ほどさかのぼる。京都の戦国時代に、目をむけたい。

織田信長が、部下の明智光秀に寝込みをおそわれ、うちはてたことはよく知られている。テレビや映画の時代劇でも、くりかえしとりあげられてきた。戦国史のハイライトとも言うべき名場面に、この夜襲はなっている。

学校では、本能寺の変として、教えられてきた。そう呼ばれるのは、信長が光秀の不意打ちを、本能寺という寺でうけたせいである。熱心な先生なら、そこまでおいこまれた光秀の心情も、かみくだいて説明するだろう。

しかし、信長が仏教寺院に寝泊まりしていたことの意味は、なかなか教えてもらえない。信長は、本能寺を京都での常宿にしていた。自分の手で、いちどは京都屋敷ももうけたが、けっきょくそこを人手にわたしている。自前の館ではなく、寺院へ宿をうつしたわけだが、その背景は語られてこなかった。

信長や光秀の生きた時代に、今日的なホテルはない。かんたんな宿泊施設はあったが、武将たちをとめることは、できなかった。戦国時代の大名やそのとりまきは、だから寺をそのためにつかってきたのである。

寺に寝とまりする武将たちのいたことがわかるのは、南北朝の争乱期あたりから。武人の宿泊に、寺が境内の施設を提供する話は、室町以後の記録によく見かける。一四、五世紀ごろから、京都の寺は今でいうホテル業をいとなみだしたようである。まあ、それ以前の様子は、わからぬが。

信長が本能寺に宿をとったのも、室町以後のそんな慣例にしたがったのだと、みなしうる。従業員の、いや僧侶たちの接遇ぶりも気にいって、信長はこの寺をひいきにしたのだろう。いずれにせよ、京都の寺は、武将たちをむかえる、「おもてなし」の場になっていた。

京都の観光寺院は、みな美しい庭をもっている。そして、諸外国の宗教施設に、あれだけ庭をかざりたてたところは、まず見かけない。庭園美という点では、京都の寺院が、国際的にもきわだっている。

そして、庭が享楽主義的にととのえられだしたのは、まず寺からであった。のちには、その流儀が宮廷人の別荘や大名屋敷へも、およんでいる。しかし、はじめに庭園の洗練をこころみだしたのは、寺なのである。室町時代の京都にある寺こそが、今につながる庭園美学の礎を、きづいてきた。

なかでも、禅寺の貢献は大きかったろう。庭のありかたを最初に論じだしたのは禅僧だし、今の観光寺院にも禅寺が多い。日本庭園史の読み物でも、禅とのかかわりへ言いおよんだくだりに、よくでくわす。

だが、禅の奥義に、庭園の美しさとひびきあう何かがあるとは、思えない。禅の公案めいた文言を、庭とむすびつける解説も流布しているが、私はうたがっている。

くりかえすが、室町時代の京都では、武将たちの一行をうけいれる寺が、ふえだした。人目をよろこばせる庭が、寺でいとなまれるようになったのは、そのせいだろう。武将らの接待という新しいつとめが、庭の美化をおしすすめたのだと思う。ホテルとしてのサーヴィス機能が、それだけ高まったということではなかったか。

禅宗は、武士層へくいこむことで、その勢力をのばしてきた。武人相手のホテルめいた役目をにないだしたのも、禅寺を中心とした寺々からだろう。庭園美学が禅宗の僧によって形成されていくのも、そのせいだと思う。ホテル的な需要の高まりがあったからこそ、禅僧の美意識もみがかれたのではなかったか。

まあ、あとから、いかにも禅ぶった物言いで、庭作りを論じだした可能性はある。接客の小道具としてなりたった庭園形式を、神秘めかし、ありがたく見せるために。そして、そういうあとづけの屁理屈としてなら、禅の考え方も関与しえたろう。しかし、美しい庭の本質が禅にあるとは、とうてい思えない。

寺の歴史を、ホテル経営の側面から読みとく本や論文は、まだひとつもないだろう。歴史研究の多くは、仏教の拠点として寺のことをとらえてきた。

しかし、寺には武将たちの宿泊、あるいは慰安施設めいたところがある。寺院史研究では、すくなくとも南北朝以後のそれでは、留意されるべきだろう。

庭で評判の高い京都の観光寺院には、室町時代まで由緒のさかのぼれるところが多い。そういう寺の多くは、武将をなごませるために、庭の形をあんばいしてきた。明日は殺戮《さつりく》へおよぶかもしれない男たちが、ほんの一時《ひととき》でも、目を休められるように。

兵《つわもの》たちがすごしたそんな夢の跡を、現代人はおとずれている。今日の文明でつかれてしまった目に、うるおいをあたえたくて。かつて、人殺したちに供された庭が、今はビジネス戦士たちの保養に転用されている。

そう想って、あらたにながめれば、庭園鑑賞の趣《おもむき》もいっそう深まるのではないか。

「おもてなし」をさかのぼる

日本の料理、いわゆる「和食」が、国際的に高く評価されだしているという。調理法をまなぶために、京都の料亭で修業をする外国人の姿も、見かけることがふえた。世界文化遺産に登録されたことが、当局の関心を和食の国際化へむかわせているらしい。それまではゆるされなかった外国人の料亭づとめも、今はみとめられるにいたっている。

私にも、日本人ゆえの身びいきがあるせいだろう。海外の料理とくらべて、和食は味わいがデリケートにできていると、よく思う。

パリで、値のはる本場のフランス料理にいどんだ時も、どこか大味な印象がのこった。

おいしいのはたしかだが、ニュアンスにはとぼしいなと、思わされている。数日後に同じパリで食べた日本人シェフの、より安いフレンチへ、私の舌は軍配をあげた。微妙な味つけという点では、邦人の仕事に一日の長があると、判断したのである。

まあ、日ごろから同胞の料理になじんでいるせいで、そう感じただけなのかもしれない。私が本格フランス料理の店えらびに、失敗していた可能性もある。数少ない体験から、大それた一般論をくみたてることは、つつしむべきだろう。他国の料理とくらべ、これ以上とやかく言うのは、ひかえたい。

ただ、和食が細やかな味をはぐくんできたことじたいは、たしかだろう。甘いとか辛いという言葉ではあらわせない綾や深みを、それはつちかってきた。その点は、よくできた日本料理の取り柄であると、みとめられているはずである。

そして、そういう味つけの工夫には、寺の精進料理も大きく貢献しただろう。肉食が禁じられた寺では、豆腐やこんにゃくなどで、肉料理めかした品をつくってきた。肉をいっさいつかわず、しかし形や味は肉料理へ近づけることに、つとめてきたのである。そこでの試行錯誤も、和食の味わいを、よりゆたかにしたような気がする。

ところで、寺はどうして肉のない肉料理もどきを、こしらえなければならなかったのか。文献的なよりどころをそろえて、その理由を説明する準備はない。ただ、こういう事情があったんじゃないかと、私なりに想うところはある。山勘でひねりだしたストーリーだが、つきあってもらいたい。

くりかえすが、多くの寺は武将をもてなす役目も、はたしてきた。旅行業がまだととのいきらない時期に、ホテル的な仕事をひきうけている。さきに、寺の庭はそんな業務上の都合で、みがきあげられてきたのだろうと、指摘した。

そして、ホテルのつとめは、宿泊客の目をたのしませることだけに、かぎらない。食事をととのえることも、当然客からはもとめられただろう。大名級の客には、食べておいしく、また見てたのしい食事も、要求されたにちがいない。

にもかかわらず、寺は肉の料理ができないという不利な条件も、かかえていた。このハンディをひきうけつつ、そこを逆手にとって客あしらいにいかす妙案はないか。そんな模索のなかで、ひねりだされたものこそが、肉に似せる精進料理であったろう。

一見、鱧《はも》のように見えるし、舌ざわりも鱧っぽいけどお武家様、そうじゃあありません。

これは、木綿豆腐とクワイを白板昆布《しろいたこんぶ》にのせてこしらえた料理です。こんなことがうちではできるんですよ、おもしろいでしょう。それに、味だって、ほんものの鱧にまけちゃあいませんよ。

以上のような営業精神が、肉料理のまがいものを、もたらした。これが、仏教ゆえの必然的な調理だったとは、考えにくい。むしろ、ホテルをいとなむ寺のレストラン部門によるアイデア商品だとは、みなせまいか。

もとより、あてずっぽうの話であり、いつどこで生みだされたのかは、わからない。ただ、肉食もどきの裏面には、庭園の場合と同じで、接待への意気込みがあったと思う。武将や大名などをもてなす世俗的な気づかいこそが、大きく作用したのだと考える。

ホテル的な寺は、接待のプロめいた人材もかかえていただろう。茶菓のもてなしのみならず、話術や歌舞音曲の達人たちも。そして、そういう僧侶たちも、しばしば賓客には応対したのだと思う。

太鼓持ちの腕達者や、芸能者のつどうプロダクション的な一面も、寺にはあったろう。室町期に阿弥号《あみごう》をとなえていたのは、そのさきがけにあたる僧侶だったのかもしれない。

大名のかかえる茶坊主が、頭をそっていたのも、寺に出自のある仕事だったためか。

江戸時代の前半期に、宴席で客をもてなしたのは男であったと、さきほど私は書いた。戦国以来のマッチョな男社会は、女が男の席にはべることをいやがったのである。男が男たちの座持ちをつとめたのも、そのためにほかならない。

一八世紀のなかごろには、その仕事が女にひきつがれている。江戸だと女芸者、そして上方では芸子とよばれた女たちに、男の芸者はとってかわられた。戦国的な男社会ほどには女をうとんじない町人社会が、到来したということか。

私は、彼女らへ接待役のバトンをわたした男たちにも、僧形の者がいたと思っている。坊主くずれの芸能者も、多かったんだろうなと考える。それ以前の段階で、芸能にひいでた人材をあつめたところは、寺ぐらいしかないのだから。

そう思って、姫と坊主のならぶ夜の京都をながめると、なかなかおもしろい。一八世紀には、宴席の座持ち役が、僧もふくむ男から女の芸子へと、かわっていく。その過渡期には、芸子と僧形の男を同じ数だけそろえた宴席だって、あったかもしれない。姫と坊主がたわむれあう今の光景から、私はひそかにそんな一八世紀へ想いをはせている。

とはいえ、今の僧侶は芸子たちからもてなしてもらえる存在に、なりおおせた。彼らも、旦那衆になっている。一八世紀までの太鼓持ちじみた先輩へ、気持ちがとどくことはないだろう。

そこまで気がまわれば、坊主の芸子あそびを正当化する新しい理屈も、見つくろえるのに。自分たちは、宴席の座持ち係であった先人の姿を、かいま見るためにここへきている。ただ、芸舞子が好きだ、女好きだというだけで、遊んでいるわけじゃあない、と。

まあ、キャバクラびいきの今日的な僧侶に、こういう釈明はできないような気もするが。江戸時代のはじめに活躍した男の芸者が、どういう人たちだったのかは、わかっていない。歌舞伎方面の役者もいたと思うが、詳細は不明である。僧形の男を強調する私の想像にも、実証的なよりどころはない。芸子たちといっしょにはしゃぐ今の坊主から、逆算しているだけである。

専門的な研究者の助言を、もらいたい。

四　歴史のなかから、見えること

徳川幕府が再建に力をこめた知恩院
その大鐘（京都市東山区）

皇居という名の行在所

天皇家には、京都へかえってもらったほうが、いいんじゃあないか。首都東京には、そんな考えをいだいている人が、少なからずいる。私じしん、天皇家の京都帰還をとなえる人と、この地で何度も出会ったことがある。

京都の人だって、もどってきてほしいとねがっているんでしょう。京都への転居をすすめる論じ手は、しばしば私にむかっても、そう語りかけてくる。洛外ぐらしの私を、京都の人だと見あやまってのそんな問いかけを、何度もうけてきた。

いいえ、私は京都の人じゃあありませんから、わかりません。なにしろ、宇治にすんでいるものですから。と、そうこたえても、なかなかピンときてもらえない。井上さんなんて、どこからどう見ても京都の方じゃあないですかと、言われることもある。

嵯峨でそだち宇治にくらす私のことを、洛中の人なら、まず京都人とはみなすまい。だが、東京をはじめとする他地方の人々は、ちがう。私の経歴を聞いたうえで、それでも私のことを京都人よばわりする人が、ずいぶんいる。こまった人たちだなと思う。

洛外の私を京都人にふくめてしまう見方は、京都人像としてたいへん粗雑である。そんなあらっぽいくくり方しかできない人に、一般的な京都人論を語る資格はない。そもそも京都の人だって……というような物言いは、ひかえてもらいたいものである。それは、京都の人に失礼だし、私をも不快にさせる。私だって、あの京都人をもって任じる人々とは、いっしょにしてほしくないのだから。

話を天皇家にもどす。じつは、彼らにも、京都へくる機会は、けっこうある。そして、そういう折には、市中の警衛がたいへんきびしくなる。行幸行啓《ぎょうこうぎょうけい》のコースを中心に、とりしまりの人員が、これまでも動員されてきた。おかげで、そこからはずれた洛外の警備は、おろそかになりやすい。

爆音をたててはしるバイクの数も、行幸啓《ぎょうこうけい》の日は、いつもより多くなるような気がする。まあ、そのことを、私が実証的につきとめたわけではない。気のせいだという可能性もあるが、とにかくそう感じる。そして、そのうえで天皇家の入洛を、めいわくなことだとうけとめてきた。

京都への再遷都などという話も、かんべんしてほしい。どうしてもかえるというなら、あのおおげさな警戒態勢は、やめてもらいたいものである。六十年にわたって洛外を生きてきた私は、そう思う。

　京都御所を中心とする洛中にも、行幸啓をうっとうしくながめている人は、いるだろう。交通規制と検問に、わずらわしさをおぼえるむきは、少なくあるまい。うんざりさせられる、その度合いでは、洛中が洛外を上まわっていると思う。

　ただ、洛外と洛中では、住民をいらだたせる要因が、たがいにちがう方向をむいている。洛中はおおげさにすぎる警備を、うとましく思いやすい。いっぽう、洛外はそれゆえの洛外におけるてぬかりを不安に感じる傾向が、強くなる。洛中と洛外の差を、私がここで書きたてるのは、そのためでもある。

　尊王精神のあつい人は、こういう書きっぷりに、腹をたてるだろうか。陛下をじゃま者よばわりするのは、けしからん、と。

　しかし、首都東京で天皇家の京都帰還をねがっている人々も、本音はかわるまい。彼らも、けっきょくは、きびしすぎる警備をなんとかしてほしいと思っている。京都人が天皇家をむかえたがっているという言種《いいぐさ》も、それをかくす詭弁であろう。

今、洛中にも天皇家の入洛をめいわくがる気分はあると、そう書いた。にもかかわらず、京都へかえってきてほしいとねがう御仁が、この街には少なからずいる。東京の皇居はただの行在所《あんざいしょ》、つまり宿泊所で、本拠は今日なお京都御所にある。天皇家は、ほんの百数十年間、東京にたちよっているだけで、都《みやこ》はまだ京都にある。そう言いつのる人さえ、いなくはない。

いったいどうして、なにを根拠に、そこまで強気になれるのか。

首都を今も京都だとする立論のよりどころは、遷都の詔勅がまだだされていない点にある。明治維新で天皇は東京へうつりすみ、中央政府の官庁街も東京にいとなまれた。だが、都を東京にあらためるという詔《みことのり》は、いちども発せられていない。その一点にすがりつく形で、こういった類の議論はくりかえされてきた。

すてられた元妻なり元夫が、でも離婚届は未提出だから自分たちは夫婦だと、言いつのる。自分をおきざりにした元夫（妻）は、新しい伴侶とたしかなくらしをいとなんできた。だが、未練たらしい旧妻（夫）は、一片の書類を盾《たて》にとり、離婚を否定する。それと同じような途に、一部の京都人、京都＝首都論者たちはおちいっている。

みじめな人たちだなと、私は思う。だが、だからといって、彼らにその主張をとりさげてほしいわけではない。いつまでも、みのりのない京都＝首都論をとなえていてもらいたいと、私はねがっている。洛外の私でも、この点については、京都人を見下しつつ思いやることができるのだから。

ただ、ざんねんながら、本気で京都こそが都だと信じている人は、ほとんどいない。この主張が、一種のジョークとしてひびくことに、たいていの論じ手は気づいている。そこはわきまえたうえで、笑いをさそうため、あえて言っているようなところもある。私がほんとうにあわれむことのできる京都人は、数がかぎられているようである。

京都で維新を考える

東京の皇居は、もともと徳川将軍の居城として、いとなまれた。江戸幕府がまつりごとをしきるための施設、江戸城としてまずはもうけられている。そんな旧権力の拠点基地に、新政権をひきいる明治天皇は、はいっていった。

この江戸城が、旧幕府から新政権側へあけわたされたいきさつは、よく知られていよう。

幕府を代表する勝海舟が、新政府軍の西郷隆盛とかけあい、城は無傷のままゆずられた。いわゆる無血開城へとことをはこんだ二人のやりとりは、幕末維新史の名場面になっている。

もし、あそこで攻防戦がはじまれば、江戸市中にも戦禍はおよんだろう。かなりの人民をまきこんだと思うが、そういう事態にはいたらなかった。江戸の街は、おおむね平穏裏に、この内乱をやりすごしている。まあ、いくらかの小競合《こぜりあ》いが、なかったわけではないけれども。

フランス革命やロシア革命は、多くの犠牲者をだしながら、おしすすめられた。他の革命でも、流血の惨事をともなうそれは、少なくない。くらべれば明治維新の革命は、たいへんスムーズにおこなわれたと、よく言われる。無血革命だったと言わんばかりの声に接することさえ、ないわけではない。

なるほど、舞台を江戸東京にかぎってしまえば、そういう話もなりたちそうである。しかし、他の場所にまで目をむければ、無血説のうけいれがたいことが、見えてくる。

たとえば、京都である。この街では、幕末期から、血で血をあらうテロリズムが横行した。蛤御門《はまぐりごもん》の変では、京都市中の家屋敷が、ひろい範囲にわたって、焼きはらわれている。

京都を視野にいれれば、無血革命などという話は、とうていとおらない。薩摩、長州、土佐、会津、そして新撰組の面々は、この地でたがいに血をながしあった。市中をのみこむ大火災まで、ひきおこしている。

いや、ことは京都だけにとどまらない。鳥羽・伏見にはじまった討幕戦争は、越後、会津、そして東北諸藩へとおよんでいった。そして、そちらにも、殺戮劇をもたらしている。

勝敗の帰趨なら、もう江戸城がひきわたされた時点で、見えていた。新政府軍のいきおいが優勢であることは、わかっていたはずである。会津以北での戦争をさけ、和平の途をさぐる手はあったろう。江戸開城で、幕府側との妥協点をさぐった時のように。

だが、戦争はその後もつづけられた。それだけ、新政府軍が血のながれることをもとめていたせいだと、言うしかない。旧幕府につながる勢力はたたきつぶすという方針を、彼らはかためていたのである。

会津以北で新政府軍がしめしたむごさは、江戸でのうめあわせだったという可能性もある。江戸城と江戸市中を無事温存させた代償に、どこかが犠牲にならねばならなかった。誰かが血をながさなければ、旧政権を打倒した新政権としてのしめしがつかない。生け贄《いにえ》をもとめるそんな想いもあって、あの戦争はつづけられたのだと思う。

江戸の無血開城で明治維新を語ろうとする物言いは、そこから目をそむけている。江戸の身がわりとなって流されただろう会津以北の血を、見ていない。江戸開城の前史をなす京都での争乱も、見すごしている。

無血の明治維新革命という歴史語りには、その意味でたいへんなかたよりがある。それは、首都だけに光をあてた、江戸東京イデオロギーのたまものに、ほかならない。

幕末の京都を幕府の側からまもっていたのは、おもに会津の藩士たちであった。その置きみやげとも言えそうなものが、京都にはある。

たとえば、同志社という学園が、そうである。その設立と維持には、明治維新以後も京都にとどまった会津の人々が、力をつくしていた。およその経緯は、近年NHKが放映した大河ドラマ（「八重の桜」）で、よく知られるようになったと思う。

もうひとつ、会津小鉄会《あいづこてつ》というこわい団体についても、ふれておく。山口組とはりあったらしいこの結社も、幕末京都の会津藩士に、出自があるという。ざんねんながら、今日の姿へといたるくわしいあゆみを、私はよく知らない。だが、例の大河ドラマはあからさまに、その存在を黙殺した。ぜひとも、ここへ書きとめておきたく思ったのは、そのためである。

くりかえすけれども、京都は幕末の会津がしのべる組織を、のこしている。街をあるけば、その校舎や本部建物が、いやおうなく見えてくる。私が、京都と会津の幕末史をつなげてながめたがるのは、そのせいかもしれない。

明治維新が、対会津戦争などで多くの命をうばったと、さきほど書いた。しかし、血にうえた歴史がうかがえるのは、この時期だけにかぎらない。維新をになった新しい政権は、その刃《やいば》をすぐにおさめようとしなかった。鹿児島の西郷軍とむきあった時も、けっきょく西南戦争をひきおこしている。

のちには、諸外国を相手どった対外戦争にも、ふみこんだ。私は、二〇世紀のなかばごろまでつづいたこの歴史も、明治維新の延長上にとらえている。維新でときはなたれた民族のおたけびが、ああいう膨張をあとおししたのだ、と。江戸時代にためこまれたエネルギーが、いきおいよくあふれだしたのだと、言ってもよい。

フランス革命で高揚した民族精神が、あとでナポレオンの対外戦争をささえるようになる。それと同じような歴史のからくりが、ややゆっくりめに作動したのではなかろうか。あるいは、より長い期間にわたって、はたらきつづけたような気がする。

フランス革命とちがい、明治維新は無血うんぬんという話に、私はなじめない。日本の近代も残虐な好戦性をともないつつ、民族精神を高ぶらせていった。そういう点でも、私はフランス革命との通底性を、明治以後の歴史に強く感じる。京都論からすこしそれるが、ふだん考えている近代史像を、書きつけさせていただいた。

落日の鞍馬山、そして嵐山

祇園の繁華街は、四条通《しじょうどお》りで南と北にわかれている。街並みは、南側のほうが古めかしい。北側には、クラブやバーなどのおさまる雑居ビルが、たくさんある。だが、南側には、数寄屋のお茶屋などがたちならび、伝統的な気配をかもしだしている。芸子や舞子がゆきかうにふさわしいたたずまいを、おとずれた者はあじわえよう。

お茶屋や料亭がたちならんだ祇園のメインストリート花見小路（京都市東山区）

しかし、あのあたりにお茶屋や料亭が出現しはじめたのは、そう古いことでもない。明治以後になってからの、京都としては比較的新しいできごとである。

祇園花街の南側に、建仁寺《けんにんじ》という寺がある。今も広い境内をもつ寺だが、江戸時代にはもっと大きな寺域が、あたえられていた。かつての敷地は、四条通りにまで、およんでいたのである。

明治の維新政府は、その北半分をとりあげている。建仁寺には寺地の上納、いわゆる上《あ》げ地《ち》をもとめ、寺側もこれにしたがった。そうしてめしあげられた土地に、お茶屋などがむらがり、のちの花街は形成されている。花見小路が四条通りの南側にできたのも、もちろん建仁寺が上地をした、その後である。

南禅寺の北西には、野村別邸をはじめとする豪邸が、いくつもたっている。あのあたりを、京都一のお屋敷街だとよぶことに、異論をとなえる人はいないだろう。みごとな庭の様子も外からうかがえ、壁ぞいをあるくだけで、目の保養になる。

じつは、あの界隈も、もともとは南禅寺の境内にくみこまれていた。明治維新の上地でとりあげられた境内が、紆余曲折をへて豪邸街になったところである。土地を買い、普請をたのしんだのは、おおむね明治政府にくいこんだ政商たちだった。

ことは、南禅寺と建仁寺にかぎらない。京都を代表する寺々は、たいてい明治維新で寺地を没収されていた。清水寺《きよみずでら》などは、寺域を十分の一以下にせばめられている。

観光で京都へくる人々は、京都の寺が広い敷地をもつことに、感心するかもしれない。たしかに、今でも他地方の平均的な寺は、京都の大寺院より境内がせまかろう。しかし、江戸時代の京都では、もっと広い寺地を多くの寺がしめていた。観光客が現在見ている寺の敷地は、江戸の盛期とくらべれば、ずいぶんちぢめられている。

私のそだった嵯峨では、とりわけ天龍寺《てんりゅうじ》が広大な土地を、新政府におさめさせられた。

この寺も、明治維新で土地を十分の一ほどに、けずられた口である。

明治以前は、渡月橋《とげつきょう》をはさんだ川むかいの嵐山も、天龍寺領にはいっていた。嵐山の維持管理は、山林の経営もふくめ、天龍寺にゆだねられていたのである。天下の名勝とうたわれた嵐山の景観も、だから天龍寺がたもってきたことになる。

明治維新で上地を余儀なくされた天龍寺は、嵐山の保全にかかわれなくなった。そのため、絶景で知られた嵐山は、何年もまたずに、景色がくずれだす。手入れをおこたったせいで、荒山としか言いようのない山になってしまったのである。

明治新政府をひきいた大久保利通は、すさみきった嵐山を見て、おどろいた。旧幕時代にはたもたれていた嵐山の景観を、新しい政権は見すてている。そのことに気づき、幕府の行政をあらためて見なおしもしたという。そのことでは、旧幕臣の勝海舟にやりこめられたことも、あったらしい。

鞍馬寺《くらまでら》も、明治の上地で鞍馬山をうしなった。そして、ここでも山の景観は、たちどころにくずされていったという。山の材木を収入の糧としてきた江戸期の鞍馬寺は、おのずと景観保全にもつとめてきた。明治維新は、江戸期の寺が意外なところで役立っていたことを、あきらかにしたのである。

さきほどは、かつての寺にホテルめいた機能のあったことを、紹介した。寺の美しい庭園が、大名諸将の接客に供されたことも、指摘ずみである。ここでは、それにくわえ、山並みの維持でも、一定の役割があったことを、のべそえたい。

寺が山の管理につとめたのは、何よりも林業上の収益が見こめたからだろう。だが、景観上の配慮だって、なかったとは思えない。山のおりなす光景は、寺がもうけた庭のすぐうしろに、見わたせた。庭へおよぼす借景上の効果をおもんぱかれば、寺が山並みに無頓着だったとは考えにくい。

それにしても、明治新政府の強権ぶりには、うならされる。寺の土地を半分以上、寺によっては九割までをうばいとり、国家の財政へ供させる。おそるべき荒技である。こういうやり方を見ていると、明治維新はたいへんな革命だったんだなと、思い知る。

京都以外のところでは、寺領を九割までまきあげられる寺など、それほどなかったろう。江戸期に広大な土地をあたえられていたからこそ、おこりえた事態だと思う。明治維新の急進性、革命の徹底性をしめす、京都ならではの歴史として、書きとめたい。

なお、上地がなされたその跡地には、学校や病院がたてられることも、ままあった。公共の施設として開放されたところが、なかったわけではない。みなが花街や豪邸街になったと思われてもこまるので、念のためのべそえる。まあ、今は観光用のみやげもの屋がならぶ新京極《しんきょうごく》も、もとは寺のあつまっていたところだが。

京都をささえた江戸幕府

京都は千年の都だと、よく言われる。平安時代以来の伝統がいきづく街だと、多くの人が語ってきた。

たしかに、大寺院のいくつかは、古い由緒をほこっている。平安時代のはじめに、最澄と空海がもうけた延暦寺《えんりゃくじ》と東寺《とうじ》は、千年以上つづいてきた。仁和寺《にんなじ》や清水寺も、平安時代にまで、その起源はさかのぼれる。奈良の法隆寺などにはおよばなくても、歴史のある寺が多いことは、まちがいない。

しかし、そういう寺も、たいてい堂塔の多くを戦乱や火災で焼いている。今のこっているのは、そのほとんどが、江戸時代になってからたてなおされた建物である。

巨大な知恩院の三門（京都市東山区）

また、それらはしばしば、創設まもない幕府の手で、より豪華につくりかえられていた。徳川家康から家光までの三将軍は、けっこう京都の寺院復興に、力をつくしている。応仁の乱などで焼けおちた寺々を、以前よりりっぱな姿に、よみがえらせようとした。幕府はそうしたいとなみで、自分たちの権勢を、京童《きょうわらわ》に見せつけたのである。あるいは、朝廷や公家たちに。

とりわけ、知恩院《ちおんいん》の再生に、幕府は力をかたむけた。もともとは、一三世紀のはじめごろに、浄土宗の開祖である法然がたてている。そこへ、浄土宗の信仰をもつ家康が、とほうもない巨刹《きょさつ》を、一七世紀初頭に設営した。もとの知恩院とは似ても似つかぬ姿に、一新させたのである。境内をおしひろげ、広大な寺領もあたえながら。

こういう寺院の光景を今見て、八百年も前の法然へ想いをはせるのは、的がはずれている。むしろ、四百年前の家康がいだいた、どんなもんだという想いをこそ、ふりかえりたい。これは、何よりも、幕府の力を京都へ思い知らせるために、もうけられた施設なのだから。まあ、現在の堂塔は、焼失をへて、家光の時代に再建されたものが多いのだけれど。

他の大寺院にも、知恩院ほどではないにしろ、徳川三代の見栄でできているところはある。醍醐寺《だいごじ》のように、これも平安起源だが、豊臣秀吉の勢力をしのべる寺だって、なくはない。とにかく、大きな寺は、たいてい応仁の乱より後の、世俗権力による遺構なのだから。

東京方面から京都の大寺院を見にくる観光客も、この点には留意をしておいてほしい。徳川将軍の気配を京都で感じることも、また旅の風情をふくらませるのではなかろうか。千年の都にも、江戸幕府のおかげをこうむっているところは、たくさんある。四百年前に京都を復活させたのは、江戸だ。そう思って寺々をあるくのも、なにほどかは心地よいだろう。

念のためのべるが、京都での寺院建設をささえてきたのは、三代目の家光までである。四代将軍の家綱以後、江戸幕府はあまりこういうことに、力をいれていない。

だが、江戸初期にたちあがった大伽藍は、その後も維持されつづけた。火災があっても、たいてい再建されているし、新しくたてられた堂塔も、けっこうある。そして、そういうことができるだけのしくみを、幕府は寺のためにととのえていた。

なによりも大きかったのは、宗門の本山へ全国各地の浄財をあつめるシステムであろう。信者が末寺へよせるいわゆる末寺銭を、一定の割合で自動的に本山へおさめさせる。本山の寺院経営は、そうしてよせられた資財でまかなう。江戸幕府は、以上のような制度を、宗教政策上の都合もあって、ととのえた。

全国各地の寺社を、幕府がじかに支配することは、手間隙《てまひま》もかかりむずかしい。そのため、幕府は各派の本山へ、その管理にあたることを要請した。末寺の財が本山へとどけられるようにしたのは、本山に宗門の統制をゆだねたからである。やっかいな仕事をたのむかわりに、金銭面では本山の優位を保障したということか。

そして、京都には、各宗派の本山がおかれていた。全国の浄財があつまる諸本山は、たいてい京都に堂舎をかまえていたのである。

京都の大寺院は、おかげで大きな伽藍の維持管理が、わりあいたやすくできるようになる。補修や点検のコストにこまることは、なくなった。高い水準で、庭や建物のかがやきを、たもてるようになっていく。もちろん、寺領としてあたえられた山林からの林業的な副収入も、寺をうるおわせた。

京都の諸本山は、江戸幕府にまもられるかっこうで、経済的な安定をたもっている。歴史の読み物は、江戸期の仏教が幕府にとりこまれたことを、否定的に論じやすい。あれで、日本の仏教はくさってしまったのだと、言いたがる。しかし、京都の本山経営に話をかぎれば、前の時代よりよほどうま味はあったと、考える。

徳川の政権は、江戸に政治的な中枢をおいた。経済的な役割では、大商人のあつまる大坂に、多くをたよっている。そして、京都の朝廷には、学芸に生きることをもとめたと、よく言われる。

私は、それ以外に、幕府が京都へ寺院経由の浄財を集中させたことも、強調しておきたい。俗権はゆずらないけれども、仏教世界では京都が君臨することを、事実上みとめている。この点に関する京都の優位をかためたのは、一七世紀の江戸幕府なのである。

江戸と京都の建設事情

徳川家康にはじまる三代の将軍は、京都での寺院造営につとめてきた。徳川の世がどれだけありがたいのかを、京童の目に焼きつけるよう、力をつくしている。あんがい、江戸での土木工事より、京都での建設工事にはげんでいたぐらいかもしれない。

このふるまいは、さまざまな富を京都にあたえている。公共工事が経済を活気づけ、消費生活をふくらまし、戦後の高度成長をあとおしした。それと似たような活況を、一七世紀前半の京都にもたらしている。

何十年にもわたってつづいた建設ラッシュは、林業、材木業をうるおわした。大量に動員された建設労働者の、くらしとかかわる商売もいきおいづく。家具木工品をあつかう仕事にも、はずみがついた。

新装なった大伽藍で、京都の僧侶たちは、儀礼を以前よりかがやかしくとりおこなう。

そこで必要とされる装飾品や工芸品も、いきおい需要が高まった。建設景気と同時に、仏教景気も、京都ではひきおこされたのである。

話を建設方面にしぼりたい。江戸初期の情勢は、建設とかかわるすぐれた人材も、数多くそだてることになる。大工、左官、建具師、庭師をはじめとする優秀な職人が、京都へ居をかまえた。そして、のちのちまで、京都の建築文化、庭園文化をささえていくようになる。

くりかえすが、京都での建設熱は、一七世紀のなかごろまでにおちついた。すくなくとも、幕府が音頭をとるような新しい寺院の工事は、へっている。

しかし、京都の各本山は、全国の末寺から巨額の浄財をかきあつめていた。そして、この状態は、いちおう幕末までたもたれている。そのため、本山級の寺々は、堂塔や庭の保全にコストをじゅうぶんかけられた。火災でうしなった堂屋の再建にも、それほどためらうことなくふみきれている。

おかげで、大工や庭師の仕事は、なかなかとだえない。大きな伽藍や広い庭園の手入れを、彼らは日常的にたのまれていた。腕をきたえることにつながる仕事が、たえまなくもちこまれていたのである。京都の職人が日本各地でうやまわれたのも、技のみがける機会が多かったせいだろう。

江戸時代の江戸でも、都市造営の仕事が、すすめられてはいる。しかし、同時代の京都とくらべれば、拙速でよしとするやっつけ仕事が多かった。新興都市の宿命で、量をこなすことが、まずは優先されたのである。

火事と喧嘩は江戸の華であるという。材木商も、大きな火事で木材の値が上がる機会を、恒常的にうかがっていた。そんな街の職人が、自分の技量を高めることに、情熱をもてたとは思いにくい。どうせすぐ燃えてしまうんだというあきらめのほうが、先だったのではなかろうか。

今日でも、本格的な和風の仕事となれば、京都や関西の職人に、軍配はあがると思う。そして、そんな上方の建築文化をはぐくんだのは、幕府の政治であった。江戸を火事の街にしてしまった幕府は、京都を普請の技がきたえられる街にしたのである。

徳川三代は、江戸よりもむしろ京都で、建築的な見栄をはろうとした。私がそう考えてしまう背景には、今のべたような建築文化についての見取図もある。まあ、最後の将軍・

徳川慶喜《よしのぶ》は、城下への類焼をきらい、江戸城をあけわたしているが。

現代のビルディングをくらべれば、しかし、話はまったくちがってくる。首都東京にできる今のビルは、坪単価も高いのだろう、概してりっぱなものが多い。いっぽう、京都のビルは、田舎街風のやすっぽいそれが、どうしてもめだつ。

一七世紀の知恩院や仁和寺を見たあとで、市中のビル群にむきあうと、ややげんなりする。かつては高い質をほこったこの街も、今は一地方都市におちぶれているなと、よく思う。まあ、若いころに建築をまなんだおかげで、よけいにそう感じてしまうのかもしれないが。

いずれにせよ、江戸時代の堂塔や庭園は、京都の主だった観光資源になっている。多くの観光客が見ているのは、江戸幕府がささえた京都の姿にほかならない。

いや、この言い方は、やや不正確である。明治維新は、寺の経営をむずかしくさせた。幕藩体制のもたらした収入がとだえたため、支出はきりつめねばならなくなっている。建物や庭のメンテナンスには、なかなか経費がまわせない。おかげで、どちらもほころびがかくせないようになっていく。

だが、高度成長期のころから、京都の寺は美しさをとりもどしだしている。私の実感では、一九七〇年代あたりから、様子がかわってきたように思う。以前はあれはてていた土壁や生垣などが、きちんと修繕された姿で、たちあらわれる。そんな機会が、目に見えてふえだした。

けっきょく、拝観料をとりだしたことが、事態をかえたのだろう。これについては、それが非課税であるというところに、私はわだかまりをいだいている。しかし、建物や庭の維持や再生につながっていることは、いなめない。

大工や左官、そして庭師も、寺の仕事をうけおうことが、ふえているだろう。それが伝統的な建築術や作庭術の継承に役立っていることも、まちがいないと思う。その点では、拝観料のとりたてにも、一定の意義はありそうな気がする。

ただ、かんじんの寺が旧幕時代の姿を、正しく再現させているかどうかは、わからない。今の堂塔は、消防法や建築基準法のしばりを、どこかでうけている。庭は、人間の散髪と同じで、そもそも一定の姿にたもたせることじたいが、むずかしい。

今日の観光客が見ているのは、たしかに幕府がささえたところであるだろう。だが、それらにも、現代風の変容を余儀なくされている部分はある。やや不正確な言い方だったと私が書いたのも、そのことをさしている。

とはいえ、拝観料が寺の堂屋や庭園の美化と洗練につながっていることは、うたがえまい。あるいは、職人たちの育成に貢献していることも。かつての幕府がになった役目を、今は拝観客がよってたかってはたしているのだと思う。明治維新以後の空白期をへたあとは、大衆社会がひきうけるようになったということか。

私事にわたるが、私は一九五五年に生まれている。まだ若かったころに、今よりずっとうらぶれていた寺の姿を、郷里の嵯峨ではながめていた。拝観料をまだとっていない、無料《ただ》でおがめる、ややあれたままになっていた庭などを。

それらがこぎれいになっていったことを、めでたく思わないわけではない。だが、今の光景を見ていて、私の知っていた嵯峨じゃあないと感じることはある。昔のままでいろとおしつける権利は私にないが、違和感もどこかでいだいている。

嵯峨でそだった私は、洛中の寺々を、おさないころに見ていない。あらためて見学をするようになったのは、大人になってからである。つまりは、拝観料で美しくなった今の光景しか、知らないことになる。

そして、こちらにたいしては、自分じしんの原風景もないから、たやすくうけいれられる。どうぞ、きれいになっていて下さいと、他人事のようにながめることができる。まったくの私事だが、あえて書きとめることにした。

「五山の送り火」と言いなさい

京都の大文字山《だいもんじやま》では、毎年八月一六日の晩に、おおきく「大」という字がともされる。ほかにも四つの山で、文字や形象を松明《たいまつ》でうつしだすことが、知られている。いっぱんに、洛中では、この大文字と左《ひだり》大文字に船形《ふながた》、そして妙法をあおぐことができる。

私のそだった嵯峨では、山にえがかれる鳥居、「冊」の印《しるし》を、同じ日にながめてきた。この五つをまとめて、「五山の送り火」という。そうよばなければならないと、このごろは強く言われだしている。

だが、私のおさないころは、それらを「大文字焼き」と言っていた。嵯峨の鳥居もふくめ「大文字焼き」であると、そうよびならわしていたものである。「大文字焼き」の日は、鳥居も山にえがかれる、などと言いながら。

「大文字焼き」のよび名をきらうのは、そこに見世物めいたひびきを感じるせいだろう。あれは、ほんらい祖霊をおくる盂蘭盆《うらぼん》のしめくくりとなる行事、つまり「送り火」である。娯楽用の花火めいたもよおしなんかでは、ぜったいにない。「大文字焼き」とは言うな、「五山の送り火」とよべ。そうとなえだした人がおり、それももっともだと、このごろは考えられているのである。

じっさいには、もう花火と似たような、夏をいろどる風物詩のひとつになっている。むらがる見物人のなかには、とりわけ若い人には、盂蘭盆の意味がわからぬ者も多かろう。そんな御時勢に危機感をいだくから、「送り火」であることを強調したくなってくる。「五山の送り火」という呼称のおしつけは、信仰心のおとろえを、逆説的に物語ろう。

話を明治期、一八九一年にさかのぼらせる。この年に日本をおとずれたロシアの皇太子ニコライは、大津で暴漢におそわれた。政府をふるえあがらせた、いわゆる大津事件のおこった年である。

日本にニコライが滞在していたのは、四月から五月にかけての春であった。事件のあった大津へおもむく前に、皇太子は京都で宿をとっている。そして、ロシアからきたこの次期皇帝を、京都の街はあの手この手でもてなした。たとえば、大文字山で松明に火をつけ、「大」の字を夜間に大きくてらしだしている。

五月の春にともされた「大」を、盂蘭盆の「送り火」であったとは、言いづらい。あからさまに世俗的な見世物であったと、みなしうる。「大文字焼き」と言うしかない演出も、そこではなされていた。

あそこに火をつけるのは、祖霊をおくる時だけだから、「五山の送り火」とよぶべきだ。そう言いたがる人も、ニコライの歓迎に供された「大」の字へ、想いをはせてもらいたい。「五山の送り火」という呼称をしいるのなら、そこをかみしめてからにしてほしいと思う。

べつに、「大文字焼き」の復権を、となえようとしているわけではない。私も、でるところへでれば、公的な場では「五山の送り火」にしたがうつもりである。言論統制にあらがうことで、かぎりある自分のエネルギーをすりへらしたいとは思わない。

私には、自分の想いがふみにじられることをたのしむゆとりも、少しぐらいならある。「大文字焼き」での屈服ぐらいなら、べつにどうということもない。ただ、「五山の送り火」論者にも、ニコライの歓迎行事とむきあってほしいだけである。そのほかは、何ももとめない。

話はとぶが、私は若くしてなくなった女優の飯島愛さんと、いちどだけ会ったことがある。私が夏に京都から、本当は京都じゃあないが、きていたせいでそうなったのだろう。どちらがもちかけたのかはわすれたが、私は彼女と「大文字焼き」を語りあっている。

その時おどろいたのだが、彼女は「大文字焼き」を、箱根起源の演出だと思いこんでいた。箱根山で点火される「大」が京都にもちこまれ、京都でそのコピーができたのだ、と。もちろん、事実はその逆だが、とにかくそう頭から信じきっていたのである。

女優の物知らずをあげつらいたくて、こういう話をもちだしたわけではない。たしかに、あまり勉強はしなかったのだろうが、私は彼女を頭のいい人だと思っている。機転がきくし、語りあえた唯一の機会をとおしても、その印象はかわらない。

ただ、「大文字焼き」が箱根でなりたったという話には、考えこまされた。首都圏の人々は、たいていの良き物が、首都およびその近郊にあると思っている。語るにたる文化が、京都をはじめとする遠方でめばえるとは、考えない。そして、若い世代ほど、首都圏を絶対化する傾向は強くなる。そんな現実の一端に、飯島嬢とのやりとりで、ふれあったような気もした。

彼らに、「大文字焼き」じゃあない、「五山の送り火」だと言ってもしようがない。盂蘭盆の説明なんかしても、やっぱり京都は田舎くさいと思われるだけだろう。

飯島嬢としゃべりあった時は気づけず、今これを書いていて、想いついたことがある。盂蘭盆の「送り火」を、大切にまもりつづけている。そんな街を、首都圏の若い世代なら、因習的な土地としてうけとめるのではないか。つまりは、京都のことも、洛中までふくめ、田舎びたところだと思いこむ可能性がある。

これは、悪い話じゃあない。洛外の私をさげすんできた洛中人士に、田舎者というレッテルをはることができる。むしろ、「送り火」説には、加担をしておくべきなんじゃあないか。

ニコライをよろこばす近代的なページェントが、一九世紀末にいとなまれた。こんな話をもちだせば、たとえ事実でも、京都は都市的なところだと思われかねなくなる。それよりは、盂蘭盆という民俗にしがみつく田舎者の町だと、思わせたほうがいい。

浮かび上がった鳥居形（京都市右京区）

そう、これからは、「五山の送り火」というきめつけへ、私もよりそうことにしよう。すくなくとも、よその土地へでかけたおりには、「送り火」説を強調しておきたい。ニコライがらみのうんちくも、物知りじまんの気《け》がある私にはつらいが、ひかえよう。

洛中への意趣返しをもくろむ私は、ひそかにそう心をかためたしだいである。

もちろん、この戦法をとれば、鳥居をともす嵯峨も、田舎になってしまう。しかし、洛中の京都人からさんざん田舎者よばわりをされてきた私には、その免疫がある。今さら、傷つかない。洛中洛外をおしなべて田舎にしてしまいかねない物言いへ、私が心をよせるゆえんである。

銀座のさきがけ

山へ「大」の字をともすもよおしが、箱根ではじめに成立したわけではない。そこから各地へ、たとえば京都につたわったという話は、まちがっている。また、首都圏でも、すこし教養のある人なら、そんなふうには考えないだろう。いくらかなりとも勉強をしてきた人なら、京都起源だとわきまえているはずである。

だが、銀座についてはどうか。

全国には、銀座という地名をそえた繁華街が、けっこうある。街でいちばんにぎやかだとされた通りに、○○銀座という名は、しばしばつけられてきた。群馬の前橋銀座や大阪の阿倍野《あべの》銀座をはじめとする、いわゆる地方銀座である。

もちろん、東京の銀座にあやかって、それらの名はきめられている。一九二〇、三〇年代に、銀座は全国の繁華街を代表する檜舞台となった。そのおこぼれをもらいたいという地方都市の思惑が、こういう命名をもたらしたのである。

じつは、京都市にも銀座と名づけられた町がある。伏見《ふしみ》区のある一画にそれはあり、銀座一丁目から四丁目までのひろがりを、もっている。

　こう言うと、やや教養のある人でも、それを東京銀座のあとおいだと考える。京都にも銀座を名のるところがあるんですか、けっこうやぼったいんですねえ、京都も。とまあ、そんな反応をしめす人も、いなくはない。

　歴史好きの読者には、こういうことをわざわざ言う必要もないだろうが、あえて書く。伏見の銀座を、一連の地方銀座といっしょにするのは、まちがっている。ここの銀座は、東京の銀座よりはやくにできていた。日本ではじめに銀座がもうけられた場所は、ほかならぬ伏見なのである。

　戦国時代までは、銀貨を鋳造するところが、各地に点在した。その品質も、鋳造所ごとにことなっていたという。徳川家康はそのばらつきをきらい、伏見に銀座をもうけ、すべてを統一させようとした（一六〇一年）。

　これがのちには、まず京都の洛中へ、つづいて駿府（静岡市）にうつされている。さらに、駿府のそれは、今の東京銀座があるあたりへ、移動させられた。その意味では、有楽町から新橋の東側にひろがる銀座もまた、後発の銀座なのである。

もちろん、東京の銀座が伏見にあこがれ、あやかろうとしたわけではない。それは、幕府の政策的な都合にあわせつつ、場所をかえられた。今の東京銀座を、伏見が頂点となる序列上の地方銀座だとは、とうていみなせない。

それに、私はここまで、京都がごたいそうにもちあげられる書き方を、さけてきた。洛中の京都至上主義者をからかうような文章も、書いている。

なのになぜ、伏見の銀座は東京のそれにさきがけていると、ここで言いつのるのだろう。京都自慢におちいったかのような書きっぷりへ、はしってしまったのはどうしてか。読者にも、その点では不審感をいだかれそうな気がする。私なりの言いわけも、のべておくことにしよう。

伏見銀座跡の碑　銀座の町名はちゃんとある（京都市伏見区）

さきほど私は、「京都市にも銀座……がある」と、書いた。「京都にも銀座……がある」という書き方は、さけている。そのふくみが、読者にわかっていただけただろうか。

伏見区は、京都市にくみこまれている。行政的には京都市内の一区をなしていると、そう言わざるをえない区域である。

しかし、洛中の京都人たちは、伏見区を京都の一部だと考えない。彼らは、あのあたりを洛南、つまり洛外にあたるところとして位置づける。だから、京都人をよそおう伏見の人がいれば、それを思いあがっているとうけとめる。伏見を、「京都」ではなく「京都市」の一単位としてあつかったのは、そのためである。

その点では、嵯峨や太秦をふくむ右京区あたりと、つうじあう。どちらも、洛中からは同じようにおとしめられてきた地域に、ほかならない。まあ、右京と伏見のあいだにも、さやあてめいた気配がないとは言えないが。

ただ、洛外を生きてきた私には、やはり洛外の伏見を、強くあとおししたい気持ちがある。伏見の銀座を、東京のそれに先行するところとして、ことあげしたくなるゆえんである。少々強引にすぎる論じっぷりだとは思うが、あえておしきることにした。

それに、伏見の銀座をもちあげる話は、「京都自慢」にあたらない。伏見は、いわゆる京都人たちが京都だとみなすところに、はいっていないのだから。

じっさい、洛中の京都主義者は、伏見銀座のもりたてに、あまり力をいれてこなかった。洛中の歴史的な優越性についてなら、どれほどこまかなことでも、喜々として言いたてる。そんな京都主義者も、伏見を強調する銀座語りでは、ひかえめにふるまう傾向がある。

やはり、伏見のことは京都じゃあないと思っているせいだろう。ややひがみっぽい判断かもしれないが、私の目にはそう見える。いさみ足にすぎるだろう伏見論へ、私が肩入れをするのは、そのためである。

五　平安京の副都心

天龍寺の伽藍　中央の大きな屋根は大方丈、
その右は法堂（京都市右京区）

嵯峨、亀山、小倉山

京都の地名には、歴史でなじんだものが、たくさんある。たとえば、歴代天皇や公家と同じ名をもつ通りや町を、よく見かける。室町通りのように、時代区分を、室町時代のことだが、想いおこさせる名称さえある。

京都の児童には、学校で室町時代のことをおそわり、感慨をあらたにする者もいるだろう。あのたいして広くもない道の名で、ひとつの時代が代表されている。今はどうということもないように見えるけど、あそこが日本の中心だった時代もあるんだ。そう印象を深くする子どもは、少なくないような気がする。

室町通りぞいでそだった子どもなら、そのことをほこらしく感じるかもしれない。そういう感銘から、歴史が好きになっていく人だっているだろう。

じじつ、この通りは、室町時代の権力とともにあった。足利将軍の館は、室町通りに面してたてられ、ながらくたもたれている。足利家の支配機構を室町幕府とよぶのは、その将軍邸が室町にあったからである。もちろん、室町時代という時代の呼び名も、通りの名

現在の室町通り　この通りに幕府の建物があったことから室町時代といわれる（京都市中京区）

前に由来する。

西陣界隈の子どもも、似たような歴史意識を、はぐくませやすくなるのではないか。

西陣の名は、応仁の乱に由来する。あの争乱では、敵対しあう勢力が、京都市中の東西にわかれつつ陣をかまえ、むきあった。その西軍が拠点としたところを西の陣、つまり西陣とよんだことから、はじまっている。学校でおそわるこういう話も、西陣でそだった子を、少なからずわくわくさせるだろう。

とにかく、京都は歴史の授業で耳にする名前が、街のあちこちにちりばめられている。地名というかっこうで、あふれかえっている都市である。他の街とくらべても、子どもが歴史に気持ちをよせやすくなる条件は、そろっている。歴史教育をほどこす側にしてみれば、めぐまれたところだと言うしかない。

さて、私のそだった嵯峨は洛外に位置している。洛中の京都人たちからは、田舎としてさげすまれる地域である。だが、嵯峨で見かける地名にも、歴史でよく聞く名称は少なくない。その点では、洛中なみに、子どもが歴史へ興味をしめしやすくなる地域だと、みなしうる。私も小さいころから、歴史は好きだった。

そもそも、嵯峨という地名じたいが、嵯峨天皇の名とつうじあう。平安時代初期の九世紀に天皇が、北嵯峨で離宮をこしらえた。嵯峨離宮、あるいは仙洞《せんとう》嵯峨院とよばれる施設を、もうけている。天皇に嵯峨という名がおくられたのも、この地を愛し、自らの拠点としたためである。

ついでにしるすが、大覚寺《だいかくじ》はその離宮跡地にいとなまれた寺院であった。嵯峨の皇女にあたる正子《まさこ》内親王《ないしんのう》が、寺にあらためたのだとされている。天皇の墓所、嵯峨山上陵《さがのやまのえのみささぎ》も、大覚寺のそばにある。

そういった歴史の詳細を、私が子どものころから知っていたわけではない。だが、嵯峨とよばれる天皇のいたことは、小学校五、六年のころから気づいていた。平安時代のはじめごろに君臨した帝であることも、わきまえていたと思う。嵯峨という地名には、古い由緒があるのだと、早くからピンときていたことを、想いだす。

保津川《ほづがわ》をはさんだ嵐山のむかい側に、小高い亀山公園がある。私はおさないころから、よくこの公園を遊び場にしてきた。鬼ごっこ、かくれんぼ、はじめの一歩などで、たのしんできたのである。大学受験にさいしての暗記物も、ここを散策しながら頭にきざみこんできた。

この亀山という地名も、じつは天皇の名前とひびきあう。鎌倉時代に生きた亀山天皇の名も、この小さい山に由来する。亀山帝の墓所となる亀山陵《かめやまのみささぎ》も、山のふもとにもうけられた。この地もまた、天皇に名前をあたえていたのである。

もちろん、かくれんぼでたのしんでいたころの私に、そういう知識はない。だが、中学校をおえるころには、亀山という天皇のいたことも、わかっていた。亀山陵の存在を知ったのは、ずっと後になってからである。しかし、公園の名が昔の天皇とともにあることは、わりあい早いころから知っていた。

亀山公園のすぐ北側に、小倉山《おぐらやま》とよばれる小さな山がある。小倉百人一首の小倉は、この山からとったのだと、私はおさないころから聞かされてきた。あの山にえらい歌人がこもり、藤原定家のことだが、歌を百首えらんだのだ、と。あんな山の、どこでそんな作業をしたのかと、子ども心にあやしんだことをおぼえている。

いずれにせよ、私のそだった環境もまた、歴史的ないわれにみちあふれていた。その点では、洛中とくらべても、じゅうぶんはりあえる。平安京を中心とする雅な世界のなかに、嵯峨もまた、くみこまれていたのである。

ただ、大学へすすむさいに私がえらんだのは、工学部であった。嵯峨ではぐくまれた歴史への好奇心を、いかしにくい理科系の途にむかっている。

そして、私は二十歳代のはじめごろに、そのあゆみをとめた。歴史への想いがおさえきれず、文科系に方向をかえている。いわゆる文転にふみきったのである。

時期的には、嵯峨を馬鹿にする京都人たちとの出会いが、ふえたころであった。ひょっとしたら、あのころにあじわった屈辱が、私の進路をかえたのかもしれない。

京都人たちがえらそうな顔をしていられるそのよりどころは、けっきょく歴史にある。

嵯峨あたりを軽んじられるようになったのも、千年の都という中華思想のせいである。だが、王朝をいろどった歴史の跡なら、嵯峨にもいっぱい横たわっている。いや、平安京以前の、秦氏《はたし》の入植にまでさかのぼれる歴史が、嵯峨にはある。

そうや、歴史や。歴史を盾にとるんやったら、嵯峨かて負けてへん。京都人ばっかりに、いばらせたりはせえへんぞ……。こんな想いも、どこかでは私をつきうごかしていただろうか。

自覚的にそう考えて、自分の進路をかえたという記憶は、私にない。事後的に自分史をふりかえり、その可能性もあるというていどの話を、今私は書いている。

しかし、とにかく、文転をきめたのは、私が京都人に敵愾心をいだきだしたころだった。生涯を概観したうえでの自分語りとしては、いちおう筋もとおっている。やはり、そういう面もあったのだということに、ここはしておきたい。

歴史をほこる京都人に、同じく歴史を武器として嵯峨そだちの私が、たちむかう。これは、自分もまた、あの京都人らしい自尊心を身につけかねないふるまいである。

私は大阪や東京あたりにいくと、しばしば京都人としてあしらわれる。自分は嵯峨そだちの宇治在住者であり、京都人といっしょにされるのは心外である。いくら、そう言いかえしても、京都人というレッテルをはられることになりやすい。

そして、どうやら、ほんとうに私は京都人らしくうつりだしているようである。人は対抗心をいだく相手に、似かよいやすくなると、よく言われる。その轍《てつ》を、私もまたふみだしているということか。

こまったことである。この本が、京都人を否定的に書きすぎているとすれば、そのせいかもしれない。あいつらとはちがうんだと言いたいあまり、語調を強めている可能性はある。

まあ、洛中の京都人なら、私のそんな不安を一笑に付しそうな気もする。嵯峨そだちゃったら、京都人になれるはずがないし、いらん心配はせんでもええで、と。

南朝の夢の跡

さきほどは、嵯峨の歴史をうるわしく語るために、嵯峨天皇や亀山天皇の話をもちだした。この書きっぷりを、天皇制に疑問をいだく読者は、なかなかうけいれにくいと思う。

どうして、そんな天皇たちの痕跡があることを、脳天気によろこべるのか。そう問いつめたくなる人も、少なくないだろう。

まだ、おさなかったころの私は、天皇制のかかえる暗い一面に、気づけていなかった。それで、亀山帝らとのつながりが無邪気にうれしがれたのだという釈明は、ありうる。しかし、この言いわけには嘘がある。なぜなら、六十歳をこえた今でも、私は亀山帝らに親近感をいだいているからである。

亀山は、南北朝の内乱がのちにくりひろげられる、その遠因をもたらした天皇であった。亀山と、その兄である後深草《ごふかくさ》天皇のいさかいが根にあって、あの内乱はおこっている。

兄弟は、それぞれ後嵯峨《ごさが》天皇の皇子として、この世に生をうけた。上皇となって院政をしいた後嵯峨は、あとつぎの天皇位へ、まず後深草をすえている。だが、のちにはしりぞかせ、弟の亀山をかわりに即位させた。

父の後嵯峨は、兄より弟のほうを愛していたのだろう。亀山の後継者となる皇太子にも、亀山の皇子をえらんでいる。弟のほうに、より甘い顔を見せていたことは、うたがえない。とはいえ、自分がなくなったあとの処理までは、後嵯峨もきめられなかったようである。

治天《ちてん》の君《きみ》として朝廷をひきいるのが、どちらにふさわしいのかは明言しなかった。自分の立場をうけつぎ、院政をしく者の選定については、これを鎌倉幕府へゆだねている。

しかし、後嵯峨の意志が弟の亀山へむいていたことは、幕府にも読みとれた。だから、治天の君には、幕府も弟のほうをおしている。こうして亀山上皇が誕生し、その皇子である世仁《よひと》親王も、後宇多《ごうだ》天皇として即位した。ここまでは、すべてが弟の系統に都合よく、はこばれていったのである。

事態の推移にのぞみをなくした兄の後深草は、隠棲の意図をほのめかす。あわてた幕府は、新しい皇太子に後深草の子である熙仁《ひろひと》親王を、おしあげた。後宇多の退位後は、この皇子を天皇とする後深草の院政もありうることに、したのである。いちどは弟の肩をもった幕府が、兄の側にも、気をつかったのだと言ってよい。

このにえきらない介入により、皇統は二派へわかれることとなる。兄と弟の系統が、たがいちがいに交替で、皇位などをうけつぐようになっていった。この両統によるにらみあいが、南北朝の内乱をひきおこす火種になったのである。

兄のほうにつらなる血筋は、院御所《いんごしょ》の持明院殿《じみょういんでん》を拠点としたせいで、持明院統と称された。弟のほうは、大覚寺統《だいかくじとう》とよばれている。その系統にぞくする後宇多が、法皇時代を大覚寺ですごしたため、その名になったという。

大覚寺をよりどころとした系統が、大覚寺統として、史上にたちあらわれる。この話を十歳代のなかごろに知った私は、大覚寺統のファンになった。私のそだった家から大覚寺までは、十分ほどあるけば、たどりつく。私にとっては、近くにある寺のひとつであった。ひいき筋だという自覚がめばえたのも、近所のよしみであったと言うしかない。

周知のように、大覚寺統の系統は、南北朝時代の南朝方へうけつがれる。鎌倉幕府を打倒したが、足利尊氏にうらぎられた帝王後醍醐《ごだいご》も、この系統の後裔《こうえい》になる。だから、少年時代の私は、後醍醐以後の南朝にも心をよせだした。大覚寺統びいきの心情が、そのままふくらんでいったのである。

子どものころは、近くにあった大覚寺をとおして、大覚寺統＝南朝に気持ちをよせていた。親近感のよってきたるゆえんは、大覚寺と大覚寺統の名が、つうじあうところにある。ひいきをする気持ちができた理由も、その一点にかぎられていた。

しかし、大人になってからは、べつの想いもかさなり、共感がふくらみだす。

たとえば、大覚寺の歴史である。さきほどは、後宇多がくらしたことで、大覚寺統の呼称はうかびあがったと書いた。だが、大覚寺にすみこんでいたのは、ひとり後宇多だけにかぎらない。後嵯峨も亀山も、上皇になってからは、大覚寺に居所をおいている。のみならず、後裔の上皇や皇子たちも、ここでの生活をたのしんだ。

後宇多で特筆すべきは、大覚寺内に仙洞御所をもうけ、院政の庁舎とした点である。一四世紀初頭の話だが、この時十数年間、都の本拠は嵯峨の大覚寺におかれていた。私の家からそうはなれてもいない大覚寺に。

後宇多の祖父である後嵯峨は、亀山のふもとにも屋敷をいとなみ、御所のひとつとした。父にあたる亀山院や後宇多当人も、ここを同じような居館として、位置づけている。嵯峨殿、あるいは亀山殿として、こちらの御所は当時の人々に知られていた。

今、その跡地は天龍寺になっている。そして、亀山公園の裾地にひろがるこの寺も、私のそだった家からは、すぐいける。どうやら、私は大覚寺統という勢力の、そのまっただなかではぐくまれたらしい。あるいは、南朝方があたり一帯を支配していた地域の、まんなかでと言うべきか。

これも、家から三分ぐらいでいけるところに、宝篋《ほうきょう》院という天龍寺派の寺がある。小《しょう》楠公《なんこう》、つまり楠木正行《くすのきまさつら》の墓があることで、知られている。小楠公は父の正成《まさしげ》とともに、南朝側へくみして足利の軍勢とたたかった。そんな南朝の忠臣が、ここにはまつられているのである。

嵯峨の古層には、大覚寺統＝南朝がひそんでいる。今はところどころにおかれた標識ぐらいからしか、そのことは読みとりづらくなってきた。だが、あのあたりは、南朝の地霊がわいているとみなしてもいいような地域なのである。まあ、ほんとうにそんな霊がただよっているとまでは、言わないが。

嵯峨における南朝史を知った私は、ますます南朝びいきの度合いを強めている。小中学生時代の、あわい共感にとどまっていた段階は、ぬけだした。今は、故郷の嵯峨を、南朝勢力がつむいだ夢の跡としても、ながめるようになっている。

南北朝と嵯峨室町

言うまでもないが、南北朝の内乱では、北朝が勝利をおさめている。一四世紀末になりたった両者の和解は、いちおう五分五分という体裁になっていた。だが、その後、南朝側がだした和平の条件は、ことごとくふみにじられることになる。皇位は北朝側の系統が、今にいたるまで独占しつづけた。

半世紀以上にわたる内乱だが、勝負の帰趨ははじめから見えていただろう。軍事力をくらべれば、北朝が数段まさっていた。南朝にしてみれば、ゲリラ戦でしか活路のひらけない戦争であったと言ってよい。

戦端がひらかれたのは、一三三六年。後醍醐天皇の親政に失望した足利尊氏が、後醍醐を京都からおいおとすことではじまった。

そのすぐあとに、尊氏は嵯峨の大覚寺へ焼き打ちをかけている。この寺が、後醍醐ら大覚寺統の根城になっていると、そう見きわめたうえでの襲撃である。

その三年後に、吉野へうつっていた後醍醐は病死した。しらせを聞いた尊氏は、すかさず、やはり嵯峨の亀山殿をおそっている。そして、そのあたりを一大禅宗寺院に、天龍寺のことだが、あらためた。大覚寺統が、後嵯峨院以来の地所を相続してしまう前に、さしおさえたのである。

以後、天龍寺は北朝をささえた室町幕府よりの寺院として、寺域をひろげていった。大覚寺統の資産は、寺という形を隠れ蓑にして、幕府側へ事実上うつされていくのである。あるいは、うばわれたと言うべきか。

尊氏が断行したこういう処置もまた、嵯峨がどういう地域だったのかを、雄弁に物語る。ここを制圧すれば、南朝の力がそぎおとせると敵対する側からは、ねらわれた。南朝にとってはそれだけ重要な、生命線とも言うべきエリアだったのである。

かつての嵯峨では、大覚寺統の上皇たちが、政治をつかさどることもあった。平安京にとっての副都心めいた意味合いだって、なかったわけではない。

しかし、南朝の勢力がおいだされてからは、地域の性質もかわりだす。寺や塔頭がならんだ、政治の舞台としては華のないところになっていった。今では、洛中の京都人から、ひなびた村里としてながめられるにいたっている。

尊氏は、生涯を戦争にあけくれた武人である。だが、幕府も三代将軍・足利義満のころには、安定した支配機構をととのえた。そして、義満は室町通りの北に、将軍邸をいとなんでいる。

ちなみに、北朝の拠点である持明院殿も、道をはさんだ、そのむかい側あたりにあった。この通りは、足利＝北朝体制の中心軸として、あらたに浮上する。

これ以後、室町通りは、京都をささえる一大動脈になっていく。以前から、そこそこのにぎわいはあったが、より群をぬく特権的な通りへと変貌する。金融をはじめ、さまざまな事業者がむらがる、メインストリートになりおおせた。平安京の中心軸となっていた朱《す》雀《ざく》大路は、この通りに立場をうばわれたのである。

室町幕府とともに成長した室町通りは、その後も中心的な役目をになっている。江戸時代、いやつい最近まで、京都経済をひきいる牽引車でありつづけた。洛中人士の京都自慢も、この通りあたりを中心とした界隈が、その磁場になっている。

おわかりだろうか。室町通りは、嵯峨が衰退へとむかいだしたころに、都市的なにぎわいを高めていった。政治の舞台としても、嵯峨といれかわるかのように、うかびあがったところなのである。

嵯峨から政治的な力をうばった幕府は、政権の拠点を室町通りぞいにおいている。その延長上に、洛中が嵯峨もふくむ洛外をおとしめる例の地理観念はある。「嵯峨の百姓が、よく肥をくみにきてくれた」。「あのあたりは言葉がおかしかったから、よくからかったものだ」。京都人がそう言ってあからさまに嵯峨を見下す、その源流も南北朝時代にある。

室町通りに焦点のある洛中の優越感は、北朝の隆盛とともにそだっていった。嵯峨のはなやぎは、南朝の衰亡とともに姿をけしていく。鼻を高くした洛中が、嵯峨のひなぶりをあなどりからかう。このならわしは、北朝の勝利がもたらした新しい秩序観に根ざしている。

もしあの時、南朝が勝っておれば、嵯峨は平安京の副都心でありつづけた。北朝をかついだ足利将軍の門前町が、時代の中心におどりでることもなかったろう。そんな歴史の妄想が、今なお私の気持ちを、南朝へとかきたてる。

水戸学的な尊王論や皇国史観にもとづいて、南朝の肩をもっているわけではない。儒教的な忠君思想など、歯牙にもかけてこなかった。嵯峨を想う郷土史的な情こそが、私の心を南朝へあゆみよらせている。南朝派だからというだけで、私のことを右翼だとか、民族主義者だとは思わないでほしい。

しかし、こういう郷土愛を南朝へと回路づけさせるところにも、天皇制のこわさはある。

私も、まんまとその網にかかっているだけなのかもしれない。だが、たとえそうであると、かりにわかっても、私は態度をかえないだろう。あいかわらず、嵯峨からおいおとされた大覚寺統に、エールをおくりつづけるはずである。

それだけ、洛中的中華思想の餌食になってきたことを、うらんでいるのだと言うしかない。

鎮魂の寺

くりかえすが、後醍醐天皇は内乱のはじまった三年後に病死した。最期まで、足利尊氏の打倒と京都への復帰を、想いえがいていたという。うらみの念をいだいたままなくなった帝のひとりに、ほかならない。

こういう人物はきちんと成仏をせずに、怨霊《おんりょう》となって、たたりをもたらす可能性がある。当時の人々は、そう考えた。その怨霊が現世にわざわいをもたらすことのないよう、霊的な手立ても講じている。たとえば、菩提寺をもうけ、魂《たま》しずめ（鎮魂）につとめるといった対応で。

嵯峨の天龍寺は、そのためにいとなまれた寺であるという。後醍醐の怨霊化をおそれた尊氏が、もうけた寺だとされている。

私は子どものころに、そんな話を聞かされ、鎮魂という考え方を、自分なりにうけとめた。後醍醐のような人がたたるかもしれないという見方も、のみこんでいる。尊氏についても、その点では気くばりのあった武将なんだなと、思うようになった。

しかし、長じて、大人の知恵が身につきだしたころから、私は天龍寺観をかえている。天龍寺ができたのは亀山殿、つまり後嵯峨上皇の離宮跡であった。大覚寺統の施設が数多くもうけられたところを、尊氏は自分たちの寺にしている。けっきょく、後醍醐の霊をまつるという名目で、南朝側の資産をくすねたのだろう。魂しずめうんぬんという言種《いいぐさ》は盗人《ぬすっと》の言いわけだと、そう考えるようになりだした。

尊氏が天龍寺の設営へふみきった背景には、夢窓疎石《むそうそせき》という禅僧の進言もあったとされる。疎石はある夜、なくなった後醍醐の夢を見たらしい。そのなかで、後醍醐は嵯峨の亀山へ、行列をくみながらむかっていたという。この夢にあらわれた御幸《みゆき》で、疎石はこの地にたいする後醍醐の強いこだわりを、感じとった。それで、尊氏にも、天龍寺の設置をすすめたのだということになっている。

これが、ほんとうの経緯であったのかどうかは、よくわからない。しかし、たとえ史実であったとしても、見えすいた話だなと、成人後の私は考えた。

疎石は、天龍寺をきりひらいた開祖である。余生も、そのすぐむかい側にある臨川寺《りんせんじ》で、すごしている。天龍寺とその周辺は、せんじつめれば疎石がおさまりかえる場所として、整備されていた。

ひょっとしたら、自分が君臨するための施設を、こしらえたがっていたのではないか。そして、疎石は後醍醐の死を、絶好のチャンスだと見きわめた。後醍醐が夢のなかで、亀山にかえってきたという。この話も、尊氏へ天龍寺の建設をうながすために、ひねりだされたのかもしれない。

それに、疎石は禅僧である。ほんらいなら、怨霊の存在などを否定すべき仏教者であった。後醍醐の霊におびえたという尊氏のことも、いさめたってよかったはずである。そんなものはいない、と言いきって。

にもかかわらず、疎石は尊氏とともに天龍寺をもうけている。禅の教理などは、かえりみず。自分の館がほしいという欲は、それだけ強かったのかと、かんぐりたくなってくる。

いずれにせよ、疎石の提案で、尊氏は大覚寺統の資産接収を正当化することができた。夢にあらわれたという後醍醐のことも、ことをはこぶためのうまい口実になりえただろう。「おぬしも悪よのう」とたがいに思いながら、尊氏と疎石は手をにぎりあった。そうしてできたのが天龍寺であったと、ひところの私はきめつけたものである。

だが、齢《よわい》をかさね、初老をむかえたころから、私の考えはふたたびゆらぎだしている。後醍醐の怨霊化に、尊氏が本気でおびえた可能性もあると、今は思うようになってきた。

嵯峨は、南朝をささえた土地であり、なかでも、亀山は一大拠点となるところである。そこへ尊氏は楔《くさび》をうちこみ、我が物とするにいたっている。かつての主君である後醍醐が、よりどころとしてきた亀山を。

さすがに、そのことではうしろめたく思いもしただろう。自分がそむいてしまったなき後醍醐に、頭をたれる気持ちがわいても、不思議はない。亀山をうばって新しくたてる天龍寺では、後醍醐の鎮魂にもつとめさせよう。尊氏にも、以上のような心情はありえたと、このごろは思えるようになっている。

年をとって、私は気が弱くなったのかもしれない。それで、やや甘い判断にながされだしているような気も、どこかではしている。

ただ、世俗化のすすんだ現代社会でも、妙な信心にすがる孤独な経営者は、まま見かける。それも、多くの敵をおしのけてのしあがったトップには、ありがちな心模様なのだと思う。

尊氏は、人々が今よりずっと怨霊をおそれていた時代に、天皇をうらぎっている。自分のしでかしたふるまいにおののくことも、なかったとは言いきれまい。

ましてや、後醍醐は密教の霊力で、鎌倉幕府をほろぼそうとした天皇でもあった。尊氏は、そんな後醍醐の霊能者ぶりも、知りぬいた武将なのである。京都へ、亀山へ未練をのこしたという後醍醐の霊に、平気でいられたとは思いにくい。

もちろん、尊氏が怨霊など気にとめない、豪胆な武人であった可能性もある。南朝側の亡霊など、いくらやってきても、だいじょうぶ。くるならこいという心がまえだって、できていたかもしれない。

だが、たとえ尊氏の腰はすわっていたとしても、ことはうまくおさまらないだろう。当時の人々なら、京都にこまったことがおきれば、後醍醐の怨霊を想いえがくはずである。災害がおこったり、伝染病がはやったりすれば、後醍醐のたたりであるというふうに。尊氏じしんはうろたえなくても、民衆の心性は動揺をきたすにちがいない。

へたをすれば、後醍醐の魂しずめができない尊氏に、非難の声があつまろう。為政者である尊氏は、その意味でも鎮魂に力をつくす必要がある。もしくは、努力をしているかのように、とりつくろわねばならない。それができなければ、尊氏の政治はゆらぎかねないような時代だったのである。

その意味でも、天龍寺の創建には、後醍醐の怨霊対策めいた一面があったとみなしうる。すくなくとも、外見的には、そのことがめざされていたにちがいないのである。

天龍寺と法隆寺

後醍醐天皇のたたりをおそれた足利尊氏が、鎮魂のために天龍寺をいとなんだ。読書家のなかには、この話で梅原猛氏の法隆寺論を想いだした人も、おられよう。そういえば、聖徳太子一族と法隆寺をとりあげ、似たような話を書いていたな、と。

じっさい、梅原氏は法隆寺のことを、太子一族の怨霊を封じる寺として、論じている（『隠された十字架――法隆寺論』一九七二年　新潮社のち新潮文庫）。たいへんよく読まれた本だが、若い世代にはもうひとつなじまれていないかもしれない。念のため、そのあらましを、ここへ紹介しておくことにしよう。

太子の子である山背大兄王子《やましろのおおえのおうじ》とその一族は、六四三年におそわれ、死へおいこまれた。その後蘇我《そが》氏もおいおとし、権勢をにぎったのは藤原氏である。しかし、頂点をきわめた彼らも、しばしば病魔におそわれ、不慮の死を余儀なくされた。

逆境におちいった彼らは、そこに太子一族と蘇我氏の怨霊を感じ、おそれおののきだす。不幸があるたびに、彼らは法隆寺へ寄進をし、先祖がほろぼした一族の霊をなぐさめた。再建後の法隆寺は、勝者が敗者の魂しずめをおこなうための施設になっている。太子らの怨霊を鎮魂する寺にほかならないと、梅原氏はとなえたのである。

日本史の学界は、この大胆な説に、おおむねそっぽをむいてきた。専門家たちは、ややあぶなっかしいところもあるその論述ぶりを、けむたがっている。

御霊《ごりょう》信仰は平安期にならなければ、史料にあらわれないと、ながらく言われてきた。特定の政治的な失脚者がまつられだすのは、九世紀のなかば以後だとされている。だが、梅原氏は七世紀前半になくなった太子一族の霊も、怨霊あつかいをされていたと言う。文献史学では判定のしようがないこの推論も、歴史研究者たちをとまどわせた。

たたかいの勝者が、勝利に安住しきれないことは、今でもよくある。敗者が自分にいだくだろううらみを、心やすらかにうけとめられる人は、あまりない。勝った側も、どこかで、申しわけなく、またうしろめたく感じるものである。とりわけ、だましうちや、うらぎりで勝利をおさめた勝者は、その不安をふくらませやすい。

現代人ならば、そういうさいにおこる胸さわぎを、心理的な反応としてうけとめよう。勝利をやましく感じてしまう自分に、もっと強くなれと、言い聞かせるかもしれない。あるいは、カウンセラーにすがったりもするのだろうか。

だが、以前は脳裏にうかぶそういった心配事を、怨霊のせいにした。自分の心にわだかまりがあるせいで、不吉なことを想いえがいてしまうとは、考えない。うらみをすてられない敗者の霊こそが、勝者をさいなむのだと思いこむ時代もあった。当人じしんの心理ではなく、他人の霊が、自分を不安にさせているのだ、と。

いや、それだけではない。勝者は、自分の身辺におこるこまったできごとも、怨霊のしわざだと考えた。身内の不幸や自然災害についてもまた、怨霊のたたりによる厄災《やくさい》として、とらえている。

そういう時代には、怨霊をしりぞけられる霊力のある人材が、ひろくもとめられた。呪《じゅ》術師《じゅつし》や祈禱師《きとうし》が、多くの政敵をほうむってきた権力者からは、重宝がられることになる。権力者のつどう都《みやこ》には、だからさまざまな霊能力者が、むらがった。政治闘争が日常化していた京都は、ちょっとしたオカルトの街にも、なっていたのである。

怨霊の力がきわだつとみなされたおりには、その神格化がはかられたりもした。政治闘争の敗者は、しばしば勝者たちの手で、神へとまつりあげられていったのである。

もう、俺たちにいろいろなわざわいを、およぼしてくれるな。これからは、お前のことを神としてうやまいつづけるから、おとなしくしていてほしい。そんな想いをこめて、勝者およびその後裔は、敗者を神にしたてていった。現実世界を牛耳るものが、仮象世界での栄光だけは、仇敵にゆずったのである。

くりかえすが、敗者の神格化が史料でたしかめられるのは、平安時代になってからである。八世紀の早良《さわら》親王、一〇世紀の菅原道真などが、その早い例として、知られている。こういう処置の出現が、梅原氏の言うように、もっとさかのぼれるかどうかはわからない。私は平安期より前からあったと思うが、それを文献的に立証するのは、困難である。

今の法隆寺は、太子一族の霊をしずめるために、藤原氏がととのえた。そんな梅原氏の著述をはじめて読んだ時、私は天龍寺のことを想いだしている。亡き後醍醐の怨霊がこの世へさまよいでないよう、天龍寺をもうけて、鎮魂につくす。子どものころからなじんできたこの創建譚へ、私の気持ちは、まずむかっていった。

梅原氏のとなえる法隆寺論は、天龍寺につたわる伝説とよく似ている。太子一族と藤原氏のかかわりは、後醍醐や南朝と足利尊氏のそれに、つうじあう。この法隆寺語りは、天龍寺の話を六百年ほど前へずらして、くみたてられたんじゃあないか。『隠された十字架』を読んで、私はそんな印象をいだいたものである。

この読後感は、そう的をはずしてもいないことが、あとであきらかになった。梅原氏じしんも、つぎのような着想のいきさつがあったと、率直に書いている。

「私はこの天龍寺に感謝すべきことがある。法隆寺を聖徳太子の怨霊の鎮魂の寺であるとする私の仮説は、天龍寺が後醍醐天皇の怨霊の鎮魂のために足利尊氏によって建てられたという事実から思いついたものであった」（『京都発見（八）禅と室町文化』二〇〇四年 新潮社）。

やはり、梅原氏が語る法隆寺論の根っこには、天龍寺があった。梅原氏は法隆寺を、まるで天龍寺ででもあるかのように、えがいていたのである。

この哲学的な知の冒険が、当をえているのかどうかは、何度も言うけれども、わからない。論証はむずかしいが、しかし反証をあげることもできにくいと思う。ただ、私は親近感をいだいているし、ひいきもしてきた。私のなかでは、お気に入りと言っていい、歴史解釈のひとつになっている。

好感をいだくいちばんの理由も、私の愛郷心をみたしてくれた点にある。嵯峨の、私がしばしば散策もしてきた天龍寺から、梅原氏は発想をはばたかせている。故郷の寺がもつ精神史的な可能性を、より古い時代にもひろげてくれた。好きになりだしたきっかけが、そこにあったことは、いなめない。

郷里にたいして自分がいだく、理非などこえたあつい想いを、かみしめる。

オカルトからは、ときはなたれて

私は二〇世紀のなかばすぎに生まれ、今二一世紀を生きている。神仏にすがるような信仰心は、もちあわせていない。信じる宗教は何かとたずねられても、無宗教だとこたえるしかないような気がする。まあ、毎年初詣のさいに、阪神タイガースの優勝を念じるぐらいの信心はあるが。

おそらく、そこそこしあわせにくらせているせいだろう。いくらかはゆとりのある人生がおくれていることも、かかわっていると思う。それで、人智をこえた何かによりかかるような気持ちが、めばえないのではないか。

京都人からあなどられることも、今の私はそれほど気にしていない。彼らの中華思想は、私なりに相対化しているし、彼らのことをあわれむ気分もある。ただ、阪神タイガースに一喜一憂する精神のうごきだけは、自分でも制御しきれない。この点に関してだけは、ついつい神前で手をあわせてしまうのも、そのためだろう。

基本的には、自分を幸福だと想うことができている。しかし、そのいっぽうで、私にはその状態をうしろめたく感じるところもある。誰かを犠牲にすることで、このみちたりたくらしはなりたっているんじゃあないか、と。

自分は現代資本主義社会の上澄みを、ささやかなりともたのしめる側にいる。だが、そこから宿命的に遠ざけられている人も、少なくない。世界を見わたせば、不幸にみまわれている人々も、おおぜいいる。この認識が、どこかで私を、おおげさに言えばなじり、あるいはせめたてる。

ごくわずかではあるが、ときおり慈善のもよおしに応じるのは、そのためである。自分がめぐまれた側にいることで生じるわだかまりを、いくらかなりともうすめたい。そんな贖罪《しょくざい》めいた想いにかられ、私はしかるべき組織に寸志をとどけてきた。京都の観光寺院が要求する形だけの志納金とはちがう、それなりに心のこもった志《こころざし》を。

たいした額ではないし、めったにやりもしないので、麗々しく書くのははずかしい。ただ、つぎにのべることを言いたくて、ここでは自分のちっぽけな施行に言及した。

現代を生きる私に信仰心はないけれども、形をかえた怨霊思想は生きている。うらみをいだいた者の霊になやまされたくない一心で、魂しずめにつとめようとする。それと同じで、自分の精神的な安定を考えて慈善へおもむく部分が、私にないわけではない。

申しわけないが、自分は比較的いいくらしをしている。ああ、うらまないでほしい。足をひっぱらないでくれ。私も、自分にできる範囲で、いくらかの誠意は見せるから。そんな部分もないとは言いきれぬ自分の心理に、私は怨霊思想の転生した形を読む。

怨霊をおそれる信仰は、戦国時代以後弱まったと、よく言われる。本格的なそれは、後醍醐天皇をまつった天龍寺が最後になると、されてきた。

たしかに、戦国時代をすぎるあたりから、神観念はかわりだす。敗者を神としてまつりあげるのではなく、勝者が神になろうとする事例もあらわれる。豊国《とよくに》神社の豊臣秀吉や、東照宮の徳川家康らが、その代表例にあげられよう。

自分がうちまかしたもののたたりをおそれ、魂しずめの寺や神社をもうけようとする。中世まではあった、敗者にたいするそんなおびえを、勝者はしだいにいだかなくなった。近世期には、自らを神としてまつりたがる勝者だって、登場しはじめる。史上の人物を顕彰する、個人記念館めいた神社がたてられることも、ふえていく。

ひとことで言えば、オカルト的な魔術からの解放が、すすんだということなのだろう。

かつては、神社仏閣に怨霊退散という霊的な役目を期待することが、ままあった。そして、時代が下れば、世俗的な記念館に近い施設も、もうけられるようになっていく。それだけ、合理化が進行していったのだと、言うしかない。

自分がだしぬいた相手にいだくうしろめたさを、現代人は自分の力で克服しようとする。他人の力をかりる場合でも、霊媒師などにたのむケースは、少なくなってきた。そのために、わざわざ神社仏閣をもうけることは、ありえない。

自分のしあわせは、不幸な人々を踏み台にしてなりたつと考え、自らをさいなむ。そんな人たちも、世俗的な慈善で、自分のいだく不安を解消しようとするだろう。宗教施設をあらたにもうけて、不安をはらそうとする人は、よほど少なくなっている。

だが、それでも、怨霊思想とひびきあう心のうごきじたいは、なくなっていない。あいかわらず、作動しつづけている。ただ、贖罪のねがいをかなえてくれる場は、既成の宗教からはなれていった。心理療法やチャリティーをはじめとする世俗的な領域へ、舞台をうつしている。

怨霊が信じられていた時代とのちがいは、そのあたりにしかないような気がする。不遇な誰かのうらみにおそれをいだく精神の勘所は、かわっていないのかもしれない。そこを足がかりにすれば、現代人にもかつての怨霊思想はしのべると思うが、どうだろう。

儒学者と講釈師

明治維新後の新しい政権は、南朝を正統な皇統に位置づけた。足利氏にささえられた北朝の天皇たちを、正しい皇位継承者だとはみなさない。吉野へ陣どった南朝、いわゆる吉野朝の天皇だけに、正統性はあると判断した。

明治政府がかつぎあげた明治天皇は、北朝の系統をついでいる。しかし、その点については、南北両朝統一後の天皇だという理屈で、おしきった。両朝の統合で南朝の合意もとりつけており、皇統はつづいているととらえたのである。和歌山あたりにひそんでいるかもしれない南朝の継承者を、さがしだそうとはせずに。

室町時代の足利政権は、もちろん自分たちの擁立する北朝に、正統性があると考えた。京都の宮廷でも、この北朝を肯定する歴史観が、幕末までたもたれている。

ただ、一部の儒者たちは、道徳的な立場から南朝に正統性を見いだすようになる。儒学がさかんになった江戸時代には、南朝をよしとする見方がひろがっていく。

幕末期には、そのことで江戸幕府を批判する声も、うかびだす。幕府も室町将軍体制と同じ武家政権であり、北朝側へ加担をしているというのである。そのため、南朝を正統だとする儒学的な見解は、反幕府的な気配をおびはじめる。

幕府を最終的にくつがえす勢力も、おのずと南朝よりの歴史観をいだくようになった。明治維新政府が、南朝に正統性をおいたのも、その延長上に下した判断だと、みなしうる。討幕のいきおいもささえてくれた南朝正統論を、政権奪取後に公認したということか。

おかげで、大日本帝国時代には、ややこわばった言論環境が、できあがる。たとえば、南北両朝を並列的にえがく歴史教育が、禁じられている。足利尊氏を評価した大臣が、そのせいで、辞任へおいこまれるといったこともあった。

今、南朝正統論は、かつての暗い戦前を象徴する反動的な議論だと、みなされている。南朝びいきをもって任じる私には、少々つらい時代になっている。

話を大日本帝国より前の時代に、もどす。さきほど、南朝こそが正しいとする議論の浮上を、儒学の普及という筋道で説明した。それが幕府を批判する人々の、思想的なよりどころとなったことも、のべている。しかし、それだけでことが語りつくせるとも、思えない。私は、もうひとつべつの、精神史的な伏流も、南朝への共感をもりあげたと思う。

南朝は、足利尊氏にうらぎられ南へおちのびた王朝人のつどう、行宮《あんぐう》めいた宮廷である。これをひきいた後醍醐天皇は、京都へもどることをねがいつづけていた。だが、その夢はかなわず、後醍醐は京都へ未練をのこしたまま、死んでいる。

その怨霊によるたたりをおそれ、尊氏が天龍寺をいとなんだことは、さきにふれた。しかし、後醍醐の怨霊におびえたのは、尊氏だけにかぎらなかったかもしれない。吉野で憤死を余儀なくされた天皇のことは、多くの人々が気にとめていただろう。うやうやしくたてまつり、供養につとめたいとする想いも、共有されていた可能性がある。

強いうらみをいだいてなくなった天皇だと、後醍醐はいっぱんにみとめられていた。とうぜん、その怨霊も大きなわざわいをもたらしかねないと、考えられていただろう。鎮魂への想いも、ひろくわかちあわれていたろうと、そう私がみなすゆえんである。

後醍醐と南朝をかがやかしく語る『太平記』は、圧倒的に支持された。後醍醐へくみした楠木正成らも、たいへんな英雄として語りつがれるようになる。なにより、『太平記』

の世界観は、講釈師たちをつうじ、市井の人々にもつたえられた。

うらみをのんでなくなった敗者への、民族的な魂しずめがはじまったのだと、私は考える。後醍醐とその一党を、鎮魂のために神話化するメカニズムがはたらいたのではないか、と。そして、そんなからくりが作動するぐらいに、南朝の怨念は強く意識されたのだと思う。

儒学者がとなえただけでは、南朝を正統と見る説も、それほどひろまるまい。だが、それは、鎮魂ゆえの神話化という今のべた精神史にも、あとおしされていた。国民的な規模で普及したのは、そのためでもあったろう。

ついでにしるすが、『日本書紀』などのしるす聖徳太子伝説も、たいそう神話的である。神代の話でもないのに、超人的な活躍ぶりが、書きとめられている。そして、この太子ほど、ぬきんでた人物像をあたえられている者は、ほかにいない。

私は、こういう歴史の書きっぷりにも、鎮魂の可能性を感じる。太子一族をほろぼしただろう人々のいだく贖罪の想いも、読みとれそうな気がする。

現実の政争では、太子一族をなき者にしてしまった。その罪ほろぼしで、比類のない逸材だったという話に、せめて歴史のなかではしてやろう。以上のような配慮が、『日本書紀』あたりの記述を左右したのではないかと、考える。

梅原猛氏が言うように、法隆寺までもがそういう寺だったのかどうかは、わからない。しかし、太子伝の記述には、怨霊をおそれる気持ちも、およんでいる可能性があると思う。私は、そういう意味でも、梅原氏の指摘に好意をよせている。

日の丸、君が代そして靖国

明治維新を無血の革命だとみなしたがる人も一部にいるが、それは正しくない。前にもふれたが、あの政権は、越後長岡や会津での流血をへたうえで、なりたった。成立後も、西南戦争などで多大な犠牲をだしている。

だが、明治の新しい体制は、自分たちがほろぼした政敵の鎮魂につとめていない。会津戦争などの死者たちが、怨霊になるかもしれないと、おびえはしなかった。そのたたりをおそれるそぶりも、会津への冷淡な戦後処理に明らかだが、見せてはいない。

新政権が慰霊の対象としたのは、討幕派、いわゆる官軍側の戦死者だけである。自分たちの味方になって死んだ者の霊は、招魂社《しょうこんしゃ》、のちの靖国神社をもうけ、合祀《ごうし》した。しかし、彼らが賊軍とみなした側の死者については、その霊的な処理をおこたっている。

政権樹立後の内戦についても、事情はかわらない。招魂社、靖国神社は西南戦争の敗者、西郷隆盛らをまつろうとしなかった。佐賀の乱をおこした江藤新平らの霊も、そのままほったらかしている。日清戦争以後の対外戦争でも、慰霊の対象となったのは、味方の戦死者のみである。

中世期までの怨霊思想にしたがえば、敵の霊こそが、手あつくまつられるべきだったろう。たとえば、こんなふうに。

佐幕派の、とりわけ会津の人々よ、ゆるしてくれ。新しい政権をうちたてるために、あの時はお前たちの血をながすことが、もとめられた。殺戮《さつりく》はさけられなかったんだ。うらむなよ、たたるなよ。お前たちのことは、りっぱな神殿をもうけ、神としてうやまいあめてやるから……。

西郷、むごい戦争になってしまって、すまん。でも、ああしなければ、この新しい政権はなりたちゆかなくなる。やむをえなかったんだ。たのむから、みょうな怨霊になって、俺たちのことをのろわないでくれ。お前やお前をしたってつどった士族のことは、国家をあげて神格化してやるから……。

だが、明治政府はそういう気づかいを、まったくしめさなかった。国家の弾圧で死を余儀なくされた大逆罪の人々についても、あつかいはかわらない。国を想うあまり反乱をおこした二・二六の青年将校も、霊的な面では放置した。

うらみをのんだまま死においやられた者が、怨霊となってたたりをなす。古くからつづいてきたそんな怨霊思想も、おとろえたのだと言うしかない。明治の近代社会は、怨霊という古風なオカルティズムを、のりこえたのである。まあ、文芸や歴史語りで、国家の犠牲者を美化する気風は、まだのこっているが。

ただ、政権や国家の側についた戦死者の処遇は、以前よりずっとおごそかになっている。敵対者をぞんざいにあしらういっぽうで、味方の顕彰には、体制も力をいれだした。こういう推移を、中世期からていねいにたどる研究はまだないし、私も手にあまる。しかし、そこに霊魂観の近代化があずかっていることは、うたがえない。

嵯峨でそだち、後醍醐天皇をまつった天龍寺になじんできたせいだろう。私は敵を供養する考え方に、さして違和感をいだかない。霊的な信仰をもたない現代人だが、それでもわかるところはあると思っている。

むしろ、味方の慰霊ばかりを気づかう靖国のやり方に、ためらいをおぼえる。ようするに、靖国は新しく、そして私は古くさいということなのだろう。平安京以来の歴史がいきづく嵯峨の地は、私の感受性を古びさせたのかもしれない。

靖国神社の信仰を肯定的に語る論客は、しばしば保守派だと評される。否定的な立場の人には、進歩派というレッテルがはられやすい。それが、いわゆる論壇の通り相場になっている。

だが、私は靖国のあり方に、むしろ新しい近代の影を読む。保守的という点では、怨霊思想の残渣《ざんさ》をとどめる自分のほうが、よほど後ろむきである。靖国に気持ちがよせられない自分こそ、真の保守派だと言いたい気分もないではない。

戦後民主主義にくみしたいわゆる進歩派は、大日本帝国の膨張を批判しつづけた。植民地支配をうけた朝鮮や中国にたいしては、つねに腰を低くしてきたと思う。日本は申しわけないことをした、ひどいことをしたと、謝罪の言葉をのべながら。

そこに、私は古い怨霊思想との通底性を、感じないでもない。彼らはあやまりながら、旧植民地の人々に、こう語りかけていたのではないか。うらまないでくれ、たたらないでくれ、と。

とはいえ、戦後民主主義の進歩派が、こういう位置づけをよろこぶとは思えない。彼らまでひっくるめて、私と同じ保守派にしてしまうことは、ひかえよう。

靖国問題を語るさいに、南北朝時代の天龍寺をもちだし、これまでの常套《じょうとう》をゆさぶる。こういう私の論法に、他地方の人々はいかにも京都的な語り口を、感じるだろうか。このあいだの戦争が話題になれば、しばしば応仁の乱へ言いおよぶ京都人一流の物言いを。嵯峨そだちを口にする井上だが、悠長な話ぶりは京都人的だとみなすむきも、おられよう。

あるいは、そういう面もあるのかもしれない。洛中の京都人とはりあったために、彼らと似てきたところもあると、さきほど私は書いた。靖国を論じるこのくだりで、思わずそういう部分が露呈したということか。

ならば、ついでに書ききろう。

私は国旗や国歌、日の丸や君が代に伝統を感じる人々のことも、いぶかしく思っている。

あんなものは、東京が首都になってからうかびあがった、新出来の象徴でしかありえない。嵯峨が副都心だった平安鎌倉時代には、まだできていなかった。そこに、たいした伝統はないんじゃあないかと、彼らには問いただしたくなってくる。

どうして、近ごろの政権は、ああいうものを国民におしつけたがるのだろう。東京政府が、近代化の途上でひねりだした印ばかりをふりかざすのは、なぜなのか。明治政府ができる前の象徴には値打ちがない。そう言わんばかりのかまえを見せる現政権に、私は鼻白む。

もちろん、京都の文化からも、国民へ強制する要素をえらべと言いたいわけではない。嵯峨の文化項目を、私が国家的な象徴にしたがっていると、誤解をされるのはこまる。私は故郷の嵯峨を、こよなく愛している。そして、愛する嵯峨の何かが人々におしつけられ、怨嗟《えんさ》の的になるのは、たえられない。

何かで国民をしばろうとする姿勢じたいに、私は違和感をおぼえる。それが何であれ、うとましく思う。そして、強制の対象が東京時代の産物でしめられる点には、べつの意味であきれてきた。けっきょく、現政権の歴史展望は、明治より前にとどかないのかと、がっかりする。

ああ、京都の中華思想をふりかざす手合いと、今私は似たようなことを言っている。京都の近くに六十年もくらしてきたせいで、私もすっかり京都風に汚染されたのだろうか。私が自分と京都人のちがいを、あれこれあげつらいたくなるのは、そのためかもしれない。誰しも、似たものどうしのなかでこそ、自らをきわだたせようとするものである。

あとがき　七は「ひち」である

七五三という言葉を、私は「ひちごさん」と読む。「しちごさん」とは、まず言わない。私にとって、七は「ひち」であり、「しち」は不快にひびく。

七五三だけではない。七五調も「ひちごちょう」となる。七面鳥も「ひちめんちょう」だし、七福神だって「ひちふくじん」である。「しちごちょう」や「しちめんちょう」、そして「しちふくじん」はありえない。

そもそも、七に「しち」という読み方がありうると、私はながらく思ってこなかった。ようやく、四十歳代をむかえてからなのである。現行の国語、中央政府のきめる日本語が、七を「しち」にしていると、知ったのは。

いや、ひょっとしたら、小学校では「しち」だと教えられたのかもしれない。しかし、私のまわりにいる人々は、みな「ひち」でとおしていた。「しち」だと一度は生徒へつたえたろう教師も、ふだんは「ひち」にしていたはずである。

東京の政府は、「しち」に正統性をあたえている。国語辞典は、「しち」以外の読み方を、みとめない。その現実を私が知ったのは、一九九六年（平成八年）に、四一歳の春をむかえた時だった。

この年に、私は朝日新聞社の出版局書籍編集部から一冊の本をだしている。『戦時下日本の建築家』と題したもので、戦前戦時の建築史をあつかった本である。

なかに、七七禁令（一九四〇年七月七日施行）を、論じたところがある。ぜいたくをいましめ、建築の表現もしばった規則に、ページをさいて言及した。巻末の索引へならべる項目としても、これをとりあげ、読者の注意をうながしている。

ただ、当時の私は七七を「ひちひち」としてしか読まなかった。五十音順となる索引づくりにさいしても、最初はこれをハ行のならびにおいている。非常時《ひじょうじ》、七七禁令《ひちひちきんれい》、ヒトラ《ひとら》ー《あ》という順番で。

私のこしらえたこの索引案に、しかし東京の編集部は、強い拒絶反応をしめした。どうして、七七禁令を、非常時とヒトラーの間に、はさむのか。これは「しちしちきんれい」であり、とうぜんサ行のところに記載されるべきである。けっこうえらそうに、そう要求してきたのである。

七七を「ひちひち」とよびならわしてきた私は、もちろんあらがった。「しちしち」などという日本語は、ありえない。これは、あくまでももとどおりに、ハ行へならべられるべきである。はじめのうちは、東京の編集部にもそう言いかえした。

だが、国語辞典を念のためひもとき、いやおうなく気づかされることになる。現行の国語政策は、「しち」を正しいとみなしていることが、わかってきた。「ひち」は方言でしかないことを、思い知らされたのである。人生行路のなかばへ、さしかかったころに。

けっきょく、私は東京の編集部に、おしきられた。中央政府の威光を笠にきる朝日新聞社書籍編集部は、私を屈伏させている。七七禁令は、サ行にうつされた。シカゴ万国博覧会と芝区役所の間へ、おかれることになったのである。

この変更をうけいれるのは、たいへんつらかった。当時は、自分を悲劇の主人公ででもあるかのように、見たてたものである。ああ、私の信じる「ひち」は、国家権力の手先により、弾圧されたのだ、と。

さて、京都には七の字をふくむ地名が、いくつかある。七条、七本松、上七軒などである。それぞれ、地元の人々は「ひちじょう」、「ひちほんまつ」、「かみひちけん」とよぶ。七条に関しては、「ひっちょう」と言う古い世代も、いなくはない。

だが、路上で見かける地名のローマ字表記は、みな「しち」に統制されている。「Shichijô」、「Shichihonmatsu」、「Kamishichiken」というように。七条七本松の交差点では、駄目をおすかのように、こんな表記がおどっていた。「Shichijô Shichihonmatsu」……。ここは「しちじょうしちほんまつ」だというのである。

霞が関の役人は、各地方でしたしまれてきた地名を、みとめない。国語政策によりそう音だけが、路上での地名表示にさいしては、ゆるされる。中央集権的と言うしかないそんなかまえを、京都でも人々に見せつけているのである。

以前に、京阪電車の七条駅で見かけたある光景を、ここへ書きとめておこう。

私は南のほうから北へむかう電車に、その時はのっていた。七条駅へ近づきだした車中には、「しちじょう」というアナウンスがながれだす。交通機関は、音声面でも、中央政府の意向にしたがわされている。いつものように、といっても一九九六年以後だが、そのことをかみしめた。

七条あたりに用事のあった私は、その駅でプラットフォームへおりたっている。見れば、駅名表示のところにも、ローマ字で「Shichijô」とある。中央政府に京都が蹂躙されている様子は、その気になれば、あちらこちらで見いだせる。

私が駅の構内をあるきだした、ちょうどその時である。私と前後して電車からおりたひとりのおばあさんが、声をあげておこりだした。

「なんや、ここ四条とちゃうやないの、まだ七条《ひっちょう》やんか」

おわかりだろうか。彼女は車内アナウンスの「しちじょう」を耳にして、「しじょう」のことだとうけとめた。「し」の音で、反射的に四条と勘違いをしたのである。関西だと、「し」の音ではじまる数字は、四にしかなりえない。大阪や滋賀の人でも、こういう聞き取りのミスは、じゅうぶんおこりうる。

私たちのたつプラットフォームには、駅構内のアナウンスも、ひびいていた。「しちじょう」、「しちじょう」、と。これを聞かされたおばあさんは、さらに声をあらげ、悪態をついた。

「しちじょうやて、まだ言《ゆ》うてる、そんなけったいな日本語あらへんわ」

そうや、おばあちゃん、そのとおりや。僕も、同じように、このことではめいわくをかけられたことがある。ふたりは、どっちも国家権力にふみにじられた被害者や。

そう心のうちで彼女へ語りかけながら、私はうっすら目に涙をうかべていただろう。彼女をだきしめたいという想いも、こみあげてきたことをおぼえている。まあ、いくらなんでも、そういうふるまいにはおよばなかったが。

ついでに書く。このごろ、京都の市バスは、車内のアナウンスで「ななじょう」と言いだしている。「しち」と「し」の混同をさけるため、七を「なな」とよぶようになってきた。

なるほど、「なな」という読みなら、中央政府の国語政策とも矛盾をきたさない。しかし、「ひちじょう」や「ひっちょう」という地名からは、よけいに遠ざかっている。東京におしきられ、地名がどんどんおかしくなっていることを、かみしめる。

私はこの本で、京都洛中の悪口を書いている。洛外で生まれそだった私の、洛中になじめぬ部分を、あげつらってきた。しかし、七の読みに関しては、価値観をわかちあうことができる。この点だけは、京都人にあゆみよれる。まあ、私なんかにすりよられた洛中の人々は、めいわくがるような気もするが。

そして、私は七を「ひち」と読むだけの連帯感が、かぼそいことをわきまえている。その自覚があるからこそ、たまさか感じとれた共感も、たやすく増幅されたのだろう。七条駅で感情がたかぶったことも、今はそうひややかにふりかえることができる。

とはいえ、私は京都のそばでくらしつづけてきた。この街と、決定的に絶縁したい、とは思わない。かすかな連帯のよりどころは、たもっておきたいものである。

私は、本文中の69ページに上七軒という地名を、もちだしている。初校の校正刷では、そこに「かみしちけん」とルビがふられていた。東京で仕事をする校閲者は、やはり「しち」としてしか読まないようである。

かつて、朝日新聞社の書籍編集部は、私に「七七禁令」で「しちしち」をしいた。その後裔となる朝日新聞出版が、今また私に「しち」という読みを、おしつけようとする。

七七禁令では、「しち」もやむをえないと判断した。それ以後、私は歴史の用語もふくめ、東京へあわせるふんぎりをつけている。生涯を京都ですごした七条院も、後鳥羽天皇の母だが、「しちじょういん」でいい。七卿落ちの場合でも、みんな幕末の京都人だが、「しちきょうおち」にしておこう、と。

しかし、地名だけは、ゆずりたくない。私もふくめ、京都およびその周辺ですごす人々は、みな上七軒を「かみひちけん」とよぶ。誰も「かみしちけん」とは言わない。七条院の名を知らない人々も、地元にはおおぜいいる。しかし、上七軒は「かみひちけん」という音で、多くの人になじまれてきた。地名では譲歩をしたくないと思うゆえんである。

鎌倉の七里ヶ浜まで、「ひちりがはま」にしたいと言っているわけではない。あちらは、「しちりがはま」でかまわないと思っている。ただ、「かみしちけん」だけはかんべんしてくれと、そう言っているにすぎない。

朝日新聞出版が、どのような判断を下すのかは、まだわからない。このあとがきを読んでなお、「かみしちけん」を強要してくる可能性はある。その場合は、読みをしるさない上七軒のほうが、ずっとましである。上七軒《かみしちけん》とされるぐらいなら。

それでも、この本は、上七軒に「かみしちけん」というルビをそえる可能性がある。その時は、井上が七七禁令につづき、二度目の敗北を喫《きっ》したのだと、思ってほしい。まあ、私のマゾっ気は、それもいいかと、どこかでささやいているのだが。

井上章一 いのうえ・しょういち
1955年、京都府生まれ。京都大学工学部建築学科卒、同大学院修士課程修了。京都大学人文科学研究所助手ののち現在、国際日本文化研究センター教授。同副所長。専門の建築史・意匠論のほか、日本文化について、あるいは美人論、関西文化論などひろい分野にわたる発言で知られる。著書に『霊柩車の誕生』(朝日文庫)、『つくられた桂離宮神話』(講談社学術文庫)、『美人論』(朝日文庫)、『南蛮幻想』(文藝春秋)、『人形の誘惑』(三省堂)、『関西人の正体』(小学館文庫)、『阪神タイガースの正体』(筑摩文庫)、『パンツが見える』(朝日選書)、『アダルト・ピアノ』(PHP 新書)、『日本に古代はあったのか』(角川選書)、『伊勢神宮』(講談社学術文庫)、『現代の建築家』(ADA エディタートーキョー)など多数。

朝日新書
531
京都《きょうと》ぎらい

2015年 9月30日 第1刷発行
2016年 4月10日 第13刷発行

著　者　井上章一

発行者　首藤由之
カバーデザイン　アンスガー・フォルマー　田嶋佳子
印刷所　凸版印刷株式会社
発行所　朝日新聞出版
〒104-8011　東京都中央区築地 5-3-2
電話　03-5541-8832 (編集)
03-5540-7793 (販売)

Published in Japan by Asahi Shimbun Publications Inc.
ISBN 978-4-02-273631-4
定価はカバーに表示してあります。
落丁・乱丁の場合は弊社業務部(電話03-5540-7800)へご連絡ください。
送料弊社負担にてお取り替えいたします。

朝日新書

京都ぎらい

井上章一

あこがれを集める歴史の都・京都！ そんな古都を「きらい」と明言するのは、京都育ちで、ずっと京都に住んでいる著者だ。千年積もった洛中人の毒気や、坊さんと舞妓さんとのコラボレーションなど、「こんなん書いてええのんか？」という衝撃の新・京都論。

人を育てよ
日本を救う、唯一の処方箋

丹羽宇一郎

失われた20年、人口減少、超高齢社会——。日本が生き残る唯一の道は心の教育を通して、倫理と知性がある人を育てることしかない。世界に誇る日本の「安心・安全ブランド」を作るのは人なのだ。苦しいときこそ原点に返った人への投資を説く、救国の教育論！

自分のついた嘘を真実だと思い込む人

片田珠美

あなたの身の回りには、まるで「息をするように嘘をつく人」はいないだろうか。しかも自分がついた嘘なのに、「真実」だと思い込み、いつのまにか被害者面。本書ではその精神構造を読み解き、被害を受けないための防衛法を説く。

新・オタク経済
3兆円市場の地殻大変動

原田曜平

最近のオタクの特徴は、モノを「買わない」、コミケに「行かない」、特定ジャンルに「ハマらない」マイルド志向。しかしアニメ、ゲーム、ラノベほかオタク市場は右肩上がり。なぜか？ 〝隠れオタク〟〝リア充オタク〟——細分化し薄く拡散するオタクの全貌。